食文化とともに味わう、本格カレーとスパイス料理

西インド料理はおもしろい

マバニ マサコ

柴田書店

はじめに

たくさんの本の中から、この本を手にとっていただきありがとうございます。

長い間構想していた本がやっと仕上がりました。この本では、西インドに焦点を当て、ラジャスタン州、グジャラート州、マハラシュトラ州、ゴア州の４州をとり上げてみました。

インド料理の中でも特に西インド料理は、地理的な特異性から、陸路、航路とさまざまなアングルから外国勢力の影響を多大に受け、時代の波にもまれながら発展してきました。

また西インド料理とひと括りにいっても、地形や気候、産物、歴史などの違いにより、州ごとに異なる特徴があり、それはとても興味深いものばかりです。

そんな味わい深い西インドの料理の数々を、その背景にあるおもしろさとともに、みなさんと分かち合えたら嬉しいです。西インド料理が、現在の形に至るまでの過程は、ひじょうに多彩で奥深く、魅力的です。この魅力は、私だけでなくみなさんも虜にしてしまうことでしょう。

この本は料理書としてご活用いただくのはもちろん、その料理にまつわる話や歴史も楽しんでいただけたらと思いながら作り上げました。

そしてレシピには、実際に私が使っている、ありのままのスパイスや食材を、省略することなく記しました。また料理はできるだけ忠実に再現できるようにレシピを工夫しました。それでも野菜や肉など、素材の状態はそのときによりさまざまで、味見をした後にスパイスや塩で微調整することが、スパイスを使ううえで本当に大切なことだと感じています。

また、中には少し難しく見えるものもあるかもしれませんが、今まで使ったことのないスパイスや食材などをお使いいただくうちに、新たなスパイス料理の感性が、ご自分の中で開花するように感じていただけると思います。

インド料理は食欲を満たすためだけのものでなく、インド人の心の核であり、温かい情と奉仕の心を表すための、特別に大切なものであると思っています。私がかつて感銘を受けた、「口から入るものはやがて自分の体の一部となり、それは健丈な体を作るばかりでなく、人格や道徳、宗教観までも形成する」「それゆえ幸せに育った食物を食べる」という考え方も、いつしか私の料理に生かされるようになってきました。
魅力にあふれた多彩な西インド料理とストーリーを、その根底に根づく素晴らしい食の心とともに、みなさんにも楽しんでいただければ幸いです。

マバニ マサコ

目次

ラジャスタン州
RAJASTHAN

グジャラート州
GUJARAT

ゴア州
GOA

ゴア料理

作りはじめる前に

● 材料の○人分は目安です。料理の品数や食べる量により変わります。

● レシピ中の大さじ1は15㎖、小さじ1は5㎖です。1カップは200㎖です。

● 準備しやすいように、野菜などの切り方は、ほとんどが材料名の横に記載されています。

● なければ、あるいは好みによって使わなくてもいい材料は、材料名の頭に▲をつけ、（あれば）などと記しています。

● 作り方のうち、あらかじめ準備をしておいたほうがよいものについては、作り方の最初の部分に「準備」と記しています。

● プロセス写真には、a、b、cなどのアルファベットを記し、作り方の対応する部分にも、同じアルファベットを記しています。

● 本書で使用している塩は赤穂の天塩（粗塩）、砂糖は甜菜糖（粗め）を基準にしています。ご自分がお使いになっている塩や砂糖の味に合わせて調整してください。

● 本書で使用している牛乳、ヨーグルトは、すべて原料が成分無調整の生乳100%のものです。ヨーグルトは、甘みのついていないプレーンを使用してください。

● 生のトマトを使用する料理は、トマトの酸味や水分量で仕上がりが変わってきます。酸味が強いと感じたときは、ひとつまみの砂糖を加えて調整してください。また、カレーなどでトマトの水分量が少ない場合には、水を少量足してソースの量を調整してください。

● 植物油は何を使っていただいてもかまいませんが、この本ではサンフラワー油、コーン油、紅花油などをそのときどきで使っています。カレーなど比較的味の濃い仕上がりのものには、オリーブ油をお使いいただくことも可能です。

● ホールスパイスを粉砕したり、マサラやウェットマサラなどを作るときは、ミルミキサー（この本では「マジックブレット」）を使っています。油で温めていないスパイスのみを粉にする場合は、コーヒーグラインダーでも代用できます。

● スパイスや、その他のおもなインド料理食材については、p.176～p.183でまとめて説明しています。

● 揚げ物やスナックなどに添える、チャツネ類やマサラケチャップのレシピは、下記の頁に載っています。
　○ タマリンドチャツネ … p.63
　○ コリアンダーチャツネ … p.121
　○ ドライガーリックチャツネ … p.126
　○ チリチャツネ … p.184
　○ チリケチャップ … p.130

● インド料理では本来カレーという言葉を使いませんが、この本では読者の方にイメージしていただきやすいように、あえてカレーという言葉を使っています。

撮影　　合田昌弘

デザイン　三上祥子（Vaa）

文・スタイリング　マバニ マサコ

イラスト　信濃八太郎

編集　　長澤麻美

西インドについて

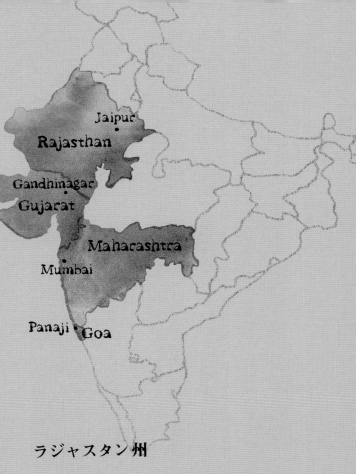

この本における「西インド」とは、ラジャスタン州、グジャラート州、マハラシュトラ州、ゴア州の4州を指します。西インド料理の起源は、考古学的見地から見ても、インダス文明にさかのぼれるほど古いようで、またインダス文明が滅びた後も、この地に起きた歴史的なできごとに伴いながら、色濃い変遷を遂げてきました。

地形的には北にタール砂漠が、グジャラート州の東部からはインド大陸を横に走るヴィンディヤ山脈が広がり、マハラシュトラ州には綿花栽培や農業が盛んな平坦な土地のデカン高原が、西側にはアラビア海が大きく広がっています。そのため西インドの気候風土には、昼夜の寒暖差が大きい乾燥した砂漠地帯があるかと思えば、モンスーン気候で洪水が起こるほどの雨量と蒸し暑さに悩まされる土地があるなど、地域ごとに異なるさまざまな特徴が見うけられます。そしてそれは、野菜が栽培できる場所とそれが難しい場所、魚介類が豊富に捕れる場所といった産物の特徴の違いにもなり、また水が不足する地域では、水の代わりにミルクやバターミルクを駆使した料理が発展し、洪水が起きる場所では、それに備えた料理が伝承されるなど、それぞれの土地ごとに、特徴あるインド料理が育まれる要因にもなりました。

そして歴史的には、中央アジアからの陸路による侵略、また海をまたいでの航路からの侵略、交易、植民地化などの流れが、西インドの歴史を織り成しながら、食文化にも多大な影響を与えていきました。中でも大きな影響を及ぼしたのが、ラージプート（p.30参照）とムガル勢力の台頭、パーシー（p.9参照）の漂着、ポルトガルのゴア占領などの歴史上のトピックです。これらは宗教的にも新しい風をインドに吹き込み、それによって食材や調理法にも多大な影響を与え、もともと根付いていた料理と融合することで、それぞれの地域で独特の存在感を高め、特徴ある料理を確立していったのです。

ラジャスタン州

ひどく乾燥した土地に生育する野菜は限られ、また、かつて戦場となることも多く、食材が不足していた環境条件のうえに成り立った料理や食習慣が見られます。水の代わりにギー、ミルク、バターミルクを使い、地産のミント、香菜、ターメリック、ニンニクなどを駆使して作った魅力的な味も、ラジャスタン料理の特徴です。

中央アジアからの勢力とラージプートの宮廷料理

現在のラジャスタン州にあたる地域は、かつてヒンドゥー教徒がほとんどを占める土地柄で、ジャイナ教徒も多く、肉を食べない食習慣が一般的でした。ところが地域勢力を束ねる、多くのラージプートの王（マハラジャ）に支配されていた王朝時代のころには、マハラジャの趣味のひとつであるハンティングの副産物である肉を利用するために、限られた人々の間で、肉料理を食べることが受け継がれるようになりました。信じがたい話ではありますが、獲物を切りさばいたり洗浄したり調理することには、熟練した技が必要であることから、これらに携わる人々は、たいへん尊敬されてもいたようです。そしてマハラジャの中には自分で

獲った獲物を自ら調理し、それにまつわる自慢話に花を咲かせながら客人を接待する者も現れ、それが慣例となっていきました。これは現在のラージプートの家庭の中にも引き継がれ、肉料理を作るときには男性が調理する慣習が生まれたといわれています。

驚嘆するムガルの食へのこだわり

もしバーブル（ムガル帝国の初代君主）が、最後のデリー・スルタン朝であったロディー朝の首都デリーに踏み込まず、新王朝を創始していなければ、インド料理はまたまったく違ったものになっていたでしょう。それというのもティムール朝の王子であったバーブルは、モンゴルの血筋を引くトルコ系民族であり、イスラム教国家であるムガル帝国を建国したためです。これはヒンドゥー教の食の歴史において、とてつもなく重大なできごとでした。それまでヒンドゥー教徒、ジャイナ教徒が中心であったベジタリアン主体のこの地に、肉を食べるイスラムの食生活が入り込んできたのですから。

王朝時代を迎えたころのマハラジャの趣味はハンティングでしたが、これに目をつけたのが、ムガル帝国の3代目皇帝アクバルでした。アクバルはハンティングにマハラジャを連れ出しバーベキューに興じ、また多いときには50品ほどの料理が並ぶ驚くほど豪華絢爛な宴会にマハラジャを招待することで、友好関係を深めていったといいます。宴会にはワインやフルーツから作られた甘いお酒も供され、アクバルのために試作した500種類以上もの料理の中から、厳選されたものが出されたといいます。そのスケールの大きさには驚嘆するものがありますね。アクバルはイスラム教徒以外にかける税（ジズヤ）を廃止し、施策の一環として、家臣にラジャスタンの娘との婚姻も奨励するなど、融和的に国を治めていきました。そして自らもマハラジャの娘と婚姻を結び、ムガル帝国を確固たる帝国に築き上げました。ムガル勢力にとっては、まさに食の戦略も大変重要な影の戦略だったのです。

こうしてムガル帝国の宮廷料理はしだいに完成していくのですが、ムガルの宮廷料理のベースには、トルコ、ペルシャ（イラン）、ウズベキスタン、パキスタン、アフガニスタン、カシミール、プンジャビ、デカンなどの料理の伝統も息づいていたといわれています。初代君主であるバーブルは、故郷のフェルガナバレーで食べた、ブドウやメロンなどのフルーツの甘い香りや冷たい氷を懐かしく思い、これを切望したといいま

し、アクバルはインドに来てもっとも感動したといわれるマンゴーを好み、壮大なマンゴー農園を作らせ、自ら出向いてマンゴーの生育を楽しんだといわれています。マンゴーはまだ熟していない緑色の果実のうちに収穫し、チャツネやピクルス、ドライマンゴーなどを作る他、一部は室内で完熟させてからフルーツとして食べたようです。またアクバルの息子のフマユーンは、フルーツで味付けしたシャーベットや氷で冷やしたフルーツの飲み物を好んで所望したといいます。氷を準備するだけでも壮大な費用と労力がかかったわけですから、ムガル帝国の力と食に対する深いこだわりや思い入れを、そんなところからも垣間見ることができます。

実はアクバルの母はペルシャ人で、ペルシャの雅やかな文化と食にひとかたならぬこだわりを持っていたのですが、もう一方でアクバルは、ヒンドゥー教国であるアンベール王国の姫マリヤム・ウッザマーニー（ジョダ・バイ）を妻にしたこともあり、食生活に母と妻両方の影響を多大に受けていました。またアクバルは、君主である自らの体に非常に気を使い、週に3回はベジタリアン食を食べていたといいます。宮廷の中に特別に作らせた農園では、野菜の栽培にかならずローズウォーター（＊）を使わせ、またロイヤルチキンと呼ばれていた鶏を育てるために、おがくず、サフラン、ローズウォーターなどの香りをつけた手で、ジャコウ油や白檀油を使ったマッサージを欠かさず施しながら、育成したといわれています。更にアクバルのために作られるビリヤーニに使う米は、消化をよくし子孫繁栄ための媚薬効果もあると信じられていた、銀の粒の入った油でコーティングすることも忘れなかったようです。これらがのちに、ビリヤーニを作るときに、ローズウォーターや銀箔をふりかける習慣につながったともいわれています。

＊ローズウォーターには、香りをつけるだけではなく、ごく軽い消毒や抗酸化作用、抗鬱、抗不安、消化促進、そして官能的な気持ちを引き出す効果もあるとされていた。

グジャラート州

Gandhinagar
Gujarat

ファルサンとナスタのある食文化、グジャラティ料理

インド最大級のベジタリアン人口を誇るグジャラート

州は、地図上でも目に付くカティヤワール半島を包むように横たわっています。アラビア海に面し世界初の海港であるロータルが示すように、古くから海外との交流がありました。公用語はグジャラティで、このグジャラティを話す人々で作られたコミュニティの料理が、グジャラティ料理です。同じ言葉を話す者どうしが作るコミュニティはたくさんあり、それぞれに特徴のある料理がありますが、中でもグジャラティ料理は甘みと酸味のバランスのとれた究極のベジタリアン料理として、世界中のベジタリアン食やヴィーガン食を好む人々からも注目されはじめています。

そんなグジャラティ料理の特徴のひとつに、スナック文化があります。スナックは、ファルサンとナスタに分けられ、これにミタイ（スイーツ）が加わります。ファルサンは基本的には軽食ですが、それだけで朝食にもなります。またナスタは例外もありますが、基本的には乾いたスナックをいいます。本書では、チブダ（p.57）がナスタの一種です。ファルサンとナスタはまったくの別物ですが、中にはカンドビ（p.48）やムティア（p.44）など、ファルサンとナスタの両方に属すものもあります。これらのスナック料理は軽食や朝食として食べる他、食事の中の1品としても食べられることが最大の特徴です。ミタイも食事の中の1品とされる他、単独でチャイとともにも食されます。またグジャラティ料理にはマンゴーがとても大切で、マンゴーのシーズンにはマンゴーカレーやマンゴーチャツネが作られ、食事にはかならずといってよいほどマンゴーパルプ（マンゴーのピュレ）が添えられます。

グジャラート州のジャイナ教徒のベジタリアン料理は、ジャイナ教の宗教的思考の基盤となっている非暴力の考え方に基づき、土の下にある小さな命も殺さないということから、土の下に生育するジャガイモ、玉ネギ、ニンジンなどは食べない習慣があります。それはとても厳格で、現在でも家族や招待客の中にジャイナ教徒が含まれていれば、他の料理とは別に、特別な料理を快く作るようです。グジャラティ料理にはマハラシュトラ州のマラティ料理と共通するものが多く見うけられますが、マラティ料理のほうがココナッツを多用することが大きな違いです。

グジャラティの人は、インドの中でも海外に移住する人口がもっとも多いことから、古くから受け継がれてきた伝統的な調理法に加え、現代の調理器具を駆使した新しい調理法をとり入れていることも見逃せません。

パーシー（パールシー、パーシス）料理（＊）

アラブのイスラム教勢力の侵攻を逃れ、小舟に乗って新しい土地を求めて航海に出たゾロアスター教徒。このゾロアスター教徒であるペルシャ人の難民も、また独特の料理を育んできました。彼らの小舟がグジャートにたどり着いたときに、グジャラートの君主と交わした、ミルクと砂糖を使った交渉の話（＊）はとても有名で、今でも語り継がれています。この交渉の成功により、小さな土地に住むことを許可されたパーシーは、グジャラート州に小さなコミュニティを作りました。最近映画でも話題になったフレディー・マーキュリーもパーシーの出身で、映画とともに料理も脚光を浴びましたね。パーシー料理は、パーシーがペルシャ、トルコの料理の技法を使い、グジャラート州で手に入る食材を使って作り上げた、歴史的にも貴重な料理です。中でもダンサック（p.96）は、一説によると基本的に肉も食べるパーシーが、グジャラティのベジタリアン料理であるダルに鶏肉を加えて作り上げたといわれる、代表的な料理です。

＊パーシー：インドに住むゾロアスター教徒。
＊ミルクと砂糖を使った交渉の話：当時この地の君主であったジャダヴ・ラナ王は、言葉の通じないパーシーに、この土地はすでにいっぱいであると伝えるため、グラスの縁まで注いだミルクを見せた。パーシーの代表者はその意味を汲みとり、すぐさまそのミルクに砂糖を加えてミルクが溢れないさまを見せ、自分たちはこのようにグジャラートの人や土地になじみ、パーシーの良識と価値観、勤勉さをもってこの土地をより豊かにしますと伝えた。これに感動したジャダヴ・ラナ王はパーシーがこの土地に亡命することを許可し、この土地で定住していくための物資を与え、手助けをしたという伝承。

マハラシュトラ州

マハラシュトラのマサラ文化

マハラシュトラ州の料理の最大の特徴は、マサラを駆使することです。マハラシュトラ州には、風土がまったく異なる4つの地域があり、チリパウダーやガラムマサラ、ゴーダマサラ、コールハープリマサラ、マルバニマサラなどのマサラも、それぞれの地域ごとに独自のスパイスの配合があり、更に家庭によっても少し

ずつ配合が異なります。中でもゴーダマサラと呼ばれるマサラは、マハラシュトリアンにとってもっとも大切なマサラのひとつです。このゴーダマサラにはストーンフラワー（マラティ語でダガッドフール、タミル語でカルパシ）が必須のスパイス。これは特別な苔を乾燥させたもので、料理の味に独特な深みを加えてくれます。残念ながら現時点で日本では手に入らないので、本書ではゴーダマサラを使わずに作れる料理をご紹介しています。マハラシュトラ料理は、家庭によりかなり味が異なるといわれますが、これは、各家庭でさまざまなスパイスの配合のマサラが作られることが、大きな理由のようです。

バラエティに富んだ料理と食習慣

マハラシュトラの料理には、究極のベジタリアンである司祭階級のブラミン料理、マラティ語を話す人々のマラティ料理、そして海辺のコンカン地域（p.147参照）には、ベジタリアンでも魚は食べるペスコベジタリアンのコンカニ料理などがあります。また、平野部のコールハープルは鶏肉が有名な場所で、マトンの生産も盛んなため、コールハープリ料理には鶏肉も羊肉も使われます。都心部のムンバイなどでは、海外生活を経験したインド人をとり込んだファストフードがあったり、イタリアンや韓国料理、さまざまな国の料理もとり入れたレストラン料理やストリートフードがあったりと、食はバラエティに富んでいます。特に最近では、基本はベジタリアンでも、さまざまな料理を楽しむ人々がいたり、ノンベジフードを選ぶ若者たちがいたりと、食の習慣も多様に発展し続けています。

ゴア州

Panaji
Goa

シルクロードと海洋航路

スパイスといえば、まず思い浮かぶのはシルクロードではないでしょうか。このシルクロードを通って流通した物品やスパイスが、歴史の流れの中で重要な役割を果たしたことはご存じのとおりです。しかしスパイスの歴史においてもうひとつ見逃せないのが、航路によるスパイスの道です。この航路を介しての流通がなければ、これまたインド料理はまったくの別物になっていたかもしれません。これは中国の南から東シナ海、西シナ海、インド洋、アラビア海、紅海へと続く道で、インド料理の発展に大きく貢献し多彩な魅力も添えました。

スパイスは絹とともに珍重され、世界中から所望され

て、貿易が盛んに行われていたのですが、そんな中、東洋のスパイス貿易で強大な力を蓄えていったベニス共和国をはじめとする西側の諸国を抑えようと、他勢力が海洋上での勢力を猛烈な勢いで蓄えていきました。12世紀ごろにはアラブ勢力が実権を握り、1453年についにオスマン帝国が、紅海を通行する西側諸国に対して多大な税金をかけるようになったのです。そのため、ポルトガルやスペインをはじめとする西側諸国は、なんとか税金を払わずにすむ他の航路はないかと躍起になって探しはじめたのですが、そのころはまだ、アフリカの先は地の果てと思われていた時代でしたので、それほど簡単なことではありませんでした。

そんな途方もない航路開拓合戦の中で、西側諸国の中でも特に精力的にこの新しい航路の開拓に邁進していたポルトガルは、1488年、ついにバルトロメウ・ディアスによってアフリカのケープタウンに突き出ている喜望峰を発見したのです。この偉大な発見を引き継ぎ、後に指揮官となったバスコ・ダ・ガマは、希望峰を経由してインドのカルカッタへ到着し、カルカッタを通しての香辛料貿易が始まりました。その後ポルトガルのアルフォンソ・デ・アルブ・ケルケ将軍がカルカッタ占領を試みたのですがままならず、北上したゴアでイスラムの勢力と戦い、ついにゴアを占領し、ゴアを拠点とした香辛料貿易が始まりました。このアルフォンソ・デ・アルブ・ケルケ将軍は、ポルトガルの戦士とゴアの女性の婚姻を奨励し、ポルトガル人をゴアに根づかせていきました。その結果ゴアは450年もの間ポルトガルの支配下におかれたのです。必然的にインド本来の食にポルトガルの食が加わり、ゴア独特のポーチュギーゼインド料理が生まれる土壌となり、他のインド料理とは少し異なる趣のインド料理と文化が誕生しました。

一方、ポルトガルに対抗するかのように、スペインでも新しい航路の開拓が進められました。イタリア生まれの探検家であり航海者であったコロンブスは、スペイン王女の後援を得て、新しい航路を探し黄金を持ち帰るためにインドへ向かったのですが、インドへ到着したと思った場所は、実はバハマ諸島のひとつであるサン・サルバトル島でした。結果は残念なものでしたが、こうした歴史上大きなできごとが、後にトマトやナス、ジャガイモといった野菜や、唐辛子などのスパイスをヨーロッパに、そしてインドへもたらし、それまで唐辛子を使わなかったインド料理にも刺激的な味と香りを添えるきっかけとなったようです。

これだけは覚えておきたいインド料理テクニック

【１】 ホールスパイスの煎り方と粉砕の仕方

ホールスパイスはそのまま使う他、煎って粉にしてから使うこともあります。ホールスパイスを煎るときは、それぞれのスパイスごとに煎るのが理想ですが、時間のないときはまとめて煎っても大丈夫です。その場合は焦げにくいスパイスから加え、クミンシードなどのように、いちばん焦げやすいスパイスの仕上がりを目安にするといいでしょう。

● 油を使わずにホールスパイスを煎る方法

小さめのフライパンにスパイスを入れ、焦がさないように（焦がすと苦みが出る）混ぜながら、スパイスの香りがしてくるまで弱めの中火で加熱します。仕上がりの目安は、ベイリーフが簡単に指先で割れる、クミンシードの色が濃くなってくるなど。煎ったスパイスはかならず皿の上に平たく並べ、常温に冷めてからミルミキサーなどで粉にします。マサラ（ミックススパイス）を作る場合は、粉にしたものをミルミキサーから出さずに、必要なパウダースパイスをこれに加えて混ぜ合わせます。

● 油を使ってホールスパイスを煎る方法

小さめのフライパンに大さじ１程度の植物油とホールスパイスを入れ、混ぜながら、スパイスの香りが立ってくるまで弱めの中火で加熱します。仕上がりの目安は、赤唐辛子が膨らむ、グリーンカルダモンが膨らむ、クミンシードの色が濃くなってくるなど。煎ったスパイスは油ごと皿の上に平たく並べ、常温に冷めてから、ミルミキサーなどで粉にします。
ウェットマサラにする場合は、粉にしたものをミルミキサーから出さずに、香味野菜、ココナッツ、水などを加えてミルミキサーにかけます。

【２】 調理のスタートの基本的な工程

ほとんどのインド料理が、この基本的な工程からはじまります。

❶ ホールスパイスを温める

ホールスパイスはほとんどの場合、油とともにじっくり温めその香りを引き出しますが、マスタードシード、クミンシードなどに関しては、油とホールスパイスが温まった後に入れる場合もあります。以下はそれぞれの方法です。

● マスタードシードを入れない場合

① 厚手の鍋に油とホールスパイスを入れ、弱めの中火で温める（油だけを温める場合もある）。
② 油が温まったらクミンシードを入れる。
③ クミンシードの色が変わりはじめたら、ヒング、カレーリーフなどを加える。
④ クミンシードが茶色くなったら、玉ネギ、生姜、ニンニクなどを加える。

● マスタードシードを入れる場合

① 厚手の鍋に油とホールスパイスを入れ、弱めの中火で温める（油だけを温める場合もある）。
② 油が温まったらマスタードシードを入れる。
③ マスタードシードが弾けはじめたら、クミンシード、ヒング、カレーリーフなどを加える。
④ マスタードシードの音がおさまったら、生姜、玉ネギ、ニンニクなどを加える。

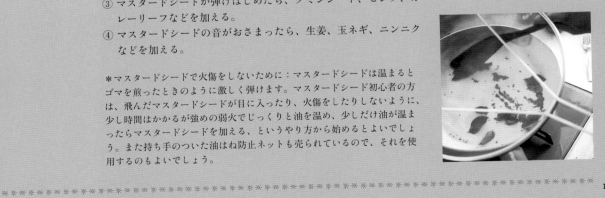

＊マスタードシードで火傷をしないために：マスタードシードは温まるとゴマを煎ったときのように激しく弾けます。マスタードシード初心者の方は、飛んだマスタードシードが目に入ったり、火傷をしたりしないように、少し時間はかかるが強めの弱火でじっくりと油を温め、少しだけ油が温まったらマスタードシードを加える、というやり方から始めるとよいでしょう。また持ち手のついた油はね防止ネットも売られているので、それを使用するのもよいでしょう。

❷ 油とパウダースパイスをなじませる

基本的なp.11の❶の工程の他に、多量の温めた油の中にパウダースパイスを入れ、混ぜながらスパイスのおいしさを油に溶かし込む、という方法があります。これはおもに肉を使う料理に用いられますが、ベジタリアン料理の場合には、野菜がやわらかくなってから加えることもあります。以下は私なりの方法ですが、よりおいしく、できる限りヘルシーに仕上げられるように考えたものです。

• できるだけ少ない油で効果的にこの作業を行う場合

スパイスを入れてから、焦がさないようにいったん火を弱めたり止めたりして、油の温度が高くなりすぎないように温度調節をしながら作業します。

• かなり多量のスパイスを使う場合

この場合にはそれなりの油の量が必要になってきますので、大さじ2〜3程度までの油を使用しますが、チリパウダーだけを先に、火の通った玉ネギに加えて油となじませると、油をそれほど多く使わなくても上手に仕上がります。そしてこの場合も、火を弱めたりいったん止めたりして、温度調節をすることが大切です。

【3】 テンパリング（タルカ、バガー、チョーク）

小鍋（またはタルカパン＊）などに油とスパイスを入れてじっくり温め、その香りを油に移したものを、熱いうちに料理にジュッとかけるテクニックのことをいいます。使うのはホールスパイスだけでなく、ウラドダルのような豆、カレーリーフやニンニクなどの香味野菜、チリパウダーなどのパウダースパイスを加えることもあります。テンパリングは英語ですが、インドでは地域によって「タルカ」、「バガー」、「チョーク」など、いろいろな呼び方でこのテクニックを表します。

＊タルカパン：テンパリング専用の小鍋。

【4】 トッピング

インド料理では、料理が仕上がった後にトッピングをすることがあります。使われるのは、みじん切りにした香菜や生姜、青唐辛子、玉ネギ、レモン果汁、チャットマサラなどのマサラやスパイス、削ったココナッツ、コリアンダーチャツネなどのチャツネ、セブ（p.71参照）をなどで、料理に食感や爽やかな風味を加えます。

＊本書では、香菜など料理の彩りとして使っているトッピングで、特に重要でないものについては、表記を省略している場合があります。

ラジャスタン州
RAJASTHAN

ラジャスタン料理

食欲をそそる真っ赤なカレーに、日持ちするパン。銅の鍋でじっくり煮込んで作られた帝王の滋養食など。色濃い歴史の詰まったラジャスタンは、目新しくおいしい料理の宝庫です。

ラアルマアス
（羊肉の赤いカレー）

ラアルマアスは目の覚めるような鮮やかな赤い色のソースと、マトンなどの赤身の肉を使って作ることが特徴です。ラジャスタンには、タール砂漠の入り口のジョードプル地区で栽培されるマタニアミルチという、この場所でしかとれない赤唐辛子があります。これは飛び抜けて鮮やかな赤い色をしていて、ラアルマアスの赤さは、この唐辛子を大量に使うことから生まれます。この地区以外では、マタニアミルチの代わりにカシミールチリを使うことが多いのですが、日本ではホールのカシミールチリは入手が難しいので、カシミールチリパウダーを使って作るレシピに仕上げました。カシミールチリパウダーが手に入らなかった場合は、できる限り鮮やかな赤色で辛みの少ない唐辛子を使ってください。

材料（2～3人分）

羊肉
　　（ラムまたはマトン。大きめの一口大に切る）＊
　　… 500g
植物油 … 大さじ1 ＊
ギー … 大さじ1強
A　｜　テジパッタ（またはベイリーフ）… 2枚
　　｜　ブラックカルダモン … 2個
　　｜　　（麺棒で軽くたたいて殻をつぶす）
　　｜　カシアバーク … 5cm
　　｜　クローブ … 5個
B　｜　クミンシード … 大さじ1
　　｜　ヒング … 小さじ1/4
玉ネギ（繊維を断ち切るように薄切り）… 中1個分
カシミールチリパウダー … 大さじ1（山盛り）
C　｜　生姜（すりおろし）… 大さじ1
　　｜　ニンニク（すりおろし）… 大さじ1
　　｜　コリアンダーパウダー … 小さじ2
　　｜　ターメリックパウダー … 小さじ1/2
　　｜　クミンパウダー … 小さじ2
D　｜　ヨーグルト … 1と1/2カップ
　　｜　塩 … 小さじ1
　　｜　香菜（みじん切り）… 大さじ2
　　｜　ガラムマサラ（p.178参照）… 小さじ1

＊肉は他の赤身肉やジビエ肉を使用してもよい。
＊本来は3/4カップもの多量の油を使う。

作り方

1. 【 羊肉を焼く 】厚手の鍋に植物油とギー、A を入れて弱めの中火でじっくり温める。
2. スパイスの香りが立ってきたら、B を加える。
3. クミンシードが茶色くなったら羊肉を加え、混ぜながら加熱する ⓐ。
4. 羊肉にキツネ色の焼き目がついたら、鍋からとり出しておく。
5. 【 カレーのベースを作る 】4 の鍋に玉ネギを入れ、弱めの中火で加熱する。
6. 玉ネギがやわらかく、縁が茶色くなったら火を弱め、カシミールチリパウダーを加えて混ぜる（ⓑチリを焦がすのが怖い場合は、いったん火を止めてもよい）。
7. チリパウダーが油となじんだらⓒ、C を順に加えて混ぜる。
8. 【 羊肉を戻して煮込む 】ニンニクに火が通ったら、4 の羊肉を入れてⓓ、混ぜながら加熱する。火を弱めて D を加え ⓔ、ヨーグルトがスパイスとなじむまで混ぜる。
9. 水 300mℓを加えて火を弱めの中火にし、沸騰したら更に火を弱めて蓋をし、肉がやわらかくなるまで加熱する。

Rajasthan

コバロティ
（柄付きロティ）

コバロティはラジャスタンの家庭で作られるパンのひとつで、表面に柄をつけるのが特徴ですが、この柄にはいくつか種類があるようです。ここラジャスタンでもこの柄は家庭ごとに受け継がれてきたものですが、もともとは中東から来た慣習の名残のようです。かつて（現在でも場所により）中東では共同オーブンでパンを焼く際に、焼き上がったパンの中から自分のパンを見つけやすいように、家庭ごとに独自の柄をつけたといいます。人々がワイワイ話しながらパンを作る光景が想像できる、とても楽しい方法ですね。ラジャスタンでは、このパンは一般的に乾物を使ったサブジとともにいただきますが、日本ではラジャスタンの乾燥野菜は手に入りにくいので、ソースが少なめの料理と一緒に召し上がってください。軽食や昼食程度にしたいときには、温かいチャイとこのコバロティだけでも十分においしく召し上がれます。

材料（3枚分）

アタ（チャパティ粉）… 1カップ
塩 … 小さじ1/2
ギー … 大さじ3

作り方

1 【生地を作る】ボウルにアタと塩を入れてよく混ぜる。

2 中央に少しくぼみを作り、ギーを入れる。手でしごくようにギーを粉になじませる。

3 水50mℓ〜適量を少しずつ加えてこね、やや硬めの生地を作る。ボウルにラップをして30分ねかせる。

4 再び生地をこねた後3等分にして丸め、ボウルに戻してラップをし、10分ねかせる。

5 【成形する】4から生地を1つとり出し（残りの生地が入ったボウルにはラップをかけておく）、台にのせ手で軽く押しつぶしてから、麺棒で5mm程度の厚さの円にのばす。

6 生地の表面を少しずつ指でつまみ、生地をときどきまわしながら写真のような柄をつける。

7 【焼く】弱めの中火で温めておいたタワ（p.81参照）に、6の柄をつけた側を上にしてのせ、火を少し弱め、裏面がきれいなキツネ色になるまで加熱する（裏がキツネ色になると、柄をつけた側も白っぽく変わりはじめる）。

8 7を裏返し、柄をつけた側も同様にキツネ色に焼く。

9 焼き終わったら、柄をつけた側を上にしてとり出し、ギー（分量外）をたっぷりぬる。

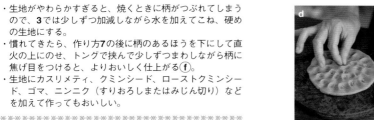

※※※※※※※※※※※※※※※※※※※※※※※※※※※

・生地がやわらかすぎると、焼くときに柄がつぶれてしまうので、3では少しずつ加減しながら水を加えてこね、硬めの生地にする。
・慣れてきたら、作り方7の後に柄のあるほうを下にして直火の上にのせ、トングで挟んで少しずつまわしながら柄に焦げ目をつけると、よりおいしく仕上がる。
・生地にカスリメティ、クミンシード、ローストクミンシード、ゴマ、ニンニク（すりおろしまたはみじん切り）などを加えて作ってもおいしい。

※※※※※※※※※※※※※※※※※※※※※※※※※※※

ダル バアティ チュルマ
（砂漠のパンとダル、
デザート添え）

丸いボール状のものはバアティというパン。このバアティを皿の上
で崩し、その上にダルをかけて食べます。珍しいですよね。奥の小
さな器に入っているものはチュルマといって、粉とギーで作るラジ
ャスタンの伝統的なスイーツです。これらを合わせて、ダル バアテ
ィ チュルマと呼び、ラジャスタンとは切っても切れない代表的
なメニューです。バアティは2～3日は軽く日持ちするので、兵士
が戦闘に行くときに持参し、砂漠の砂の中に入れて焼いて食べたと
いわれています。今でもその名残で、炭を焼いてできた熱い灰の中
にバアティを入れて焼き、炭を払ってからギーにつけて作る方法も
あります。スイーツのチュルマは、粉にギーをたっぷり含ませて作
るのですが、今回は簡単に作れるように、バアティを崩して作る作
り方をご紹介します。

● バアティ

材料（7個分／1個約90g）

A
アタ（チャパティ粉）… 2と1/2カップ
ベサン粉 … 1と1/2カップ
スージ（大粒セモリナ）… 1と1/2カップ
塩 … 小さじ1/2強
砂糖 … 小さじ1/2
▲ アジョワンシード（あれば）… 小さじ1/2
イノ（p.183参照。または重曹）
　　… 小さじ1/4強

B
ギー … 大さじ3
牛乳 … 50mℓ
ヨーグルト … 大さじ2

牛乳 … 160～180mℓ

作り方

1 【生地を作る】ボウルにAを入れ、まんべんなく混ぜる。

2 中心に大さじ1程度のくぼみを作り、Bを加えて混ぜ、こねる。

3 こねていくうちにボロボロとしたそぼろ状になる。手で握るとひ
と塊になるようになったら、更に牛乳160～180mℓほどを少し
ずつ加えて混ぜながらこね、握りこぶしでつぶすようにしながら
硬めの生地を作る。

4 ボウルにラップをして20分ほどおく。

5 生地をとり出して再びこねた後、7等分にする。それぞれの生地
をまたこねながら、ひびのある球状に丸める⒜。

6 【焼いて仕上げる】天板にクッキングシートを敷き、5をひび
の入った部分を上にして等間隔に並べ、250℃に予熱したオーブ
ンで15～20分ほど焼く。

7 6をトングで挟んで直火にあて、焦げ目をつける⒝。

8 7をキッチンペーパーで包み、ボールに割れ目ができるように、
左右から手のひらで挟むようにして軽く数ヵ所押しつぶす⒞。

9 すべての8に刷毛でギー（分量外）をぬる⒟。これを2回くり
返す（本格的には、ボウルに入れたギーに、バアティをくぐらせる）。

次のページに続く →

● ダル

材料（バアティ7個分）

ムングダル（皮むき割り）、チャナダル、マスールダル
　…各1/4カップ

ギー（または植物油）… 大さじ2
　（ギーと植物油を大さじ1ずつ合わせてもよい）

シャヒジーラ（またはクミンシード）… 小さじ1強

玉ネギ（みじん切り）… 中1/4個分

生姜（すりおろし）… 大さじ1

青唐辛子（ヘタを除きみじん切り）…2本分

カシミールチリパウダー … 小さじ1

トマト（みじん切り）… 小1個分

A｜ コリアンダーシード（粗挽き）… 小さじ2
　　（またはコリアンダーパウダー … 小さじ1強）
　　ターメリックパウダー … 小さじ1/4
　　クミンパウダー … 小さじ1/2
　　カスリメティ … 小さじ1/8強
　　チャットマサラ（p.178参照）… 小さじ1/2
　　マンゴーパウダー … 小さじ1/8
　　香菜（みじん切り）… 大さじ2
　　塩 … 小さじ1

【テンパリング】

B｜ ギー（または植物油）… 大さじ2（ギーと
　　植物油を好みの割合で合わせてもよい）
　　玉ネギ（ごく細かいみじん切り）… 大さじ2
　　ニンニク（ごく細かいみじん切り）… 小さじ2
　　カシミールチリパウダー … 小さじ1

準備（ミックスダル）

1　3種のダルは水で洗い、ボウルに入れて水800mℓを加え、2時間ほど浸けておく（半日ほど浸けておくと煮込み時間が短くなる）。

2　厚手の鍋に1のダルを水ごとすべて入れ、ターメリック小さじ1/4（分量外）を加え、弱めの中火で加熱する。沸騰したら蓋をして弱火にし、豆がやわらかくなるまで煮ておく。

作り方

3　別の厚手の鍋にギーを入れて弱めの中火で温め、シャヒジーラを入れる。まわりに泡が立ってきたら玉ネギを入れ、混ぜながら加熱する。

4　玉ネギが透き通ってきたら生姜、青唐辛子を加え、玉ネギの縁が茶色くなるまで炒め、カシミールチリパウダーを加えて混ぜる。

5　チリパウダーが油となじんだらトマトを加え、混ぜながら加熱する。

6　トマトの水分が飛びペースト状になったら、2のダルとA、水200mℓを入れる。沸騰したら蓋をして5分ほど加熱し、マッシャーなどで豆の粒を80％ほどつぶす。

7　【テンパリング】小鍋（またはタルカパン）にBのギーと玉ネギを入れて加熱し、玉ネギの縁が茶色くなったらニンニクを入れる。ニンニクに火が通ったらカシミールチリパウダーを加え、すぐに火を止めてチリパウダーが油となじむまでかき混ぜ、6の鍋に入れる。

● チュルマ

材料（バアティ1個で作る量）

バアティ（p.19の作り方6のように焼いたもの）
　…1個

ギー … 大さじ3

グリーンカルダモン … 2個（つぶす）

A｜ カシューナッツ*
　　… 3個（麺棒で細かくつぶす）
　　レーズン（小さく切る）* … 大さじ1

グラニュー糖 … 大さじ3

カルダモンパウダー … 小さじ1/2強

*ナッツはアーモンド、ピスタチオなど他の好みのものでもよい。
*ドライフルーツは、サルタナレーズン、クランベリーなど他の好みのものでもよい。

作り方

1　バアティは麺棒でたたくか、フードプロセッサーなどで粉にする。

2　フライパンにギーとグリーンカルダモンを入れ、弱火で加熱する。

3　グリーンカルダモンが膨らんできたら、Aを加える。カシューナッツがキツネ色になったら1を加え、よく混ぜる。

4　バアティにギーが吸収されたら、グラニュー糖とカルダモンパウダーを加え、混ぜながら30秒ほど加熱する。

> **● こぼれ話**
>
> このように丸いボールのようなパンはインドの中でも珍しいのですが、とてもおもしろいことに、近隣のビハール州にもリティという似たような形のパンがあります。外側からはほとんど同じように見えるのです。ラジャスタンのバアティには詰め物はなく、崩してダルにつけて食べるのに対し、ヒヨコ豆の粉の詰め物があるビハールのリティは、チョッカというサルサ状のものにつけて食べます。それぞれに地方性があり興味深いところです。

ジョドプリアルー（ジャガイモとインゲンのスパイス和え）

ゆでた野菜にスパイスをからめるだけ。簡単なのに本当においしい料理です。この料理にはジャガイモの他に、砂漠のような乾いた土壌でもよく育つグアルファリという野菜を使うのですが、日本では手に入らないのでインゲンで代用しています。またラジャスタンでよく使われるカチリパウダー（砂漠に育つウリ科の植物の種から作るスパイス）で酸味を加えるのですが、これも入手が難しいのでマンゴーパウダーで代用しました。

材料（作りやすい量）

ジャガイモ（メークイン）… 小4個

インゲン … 200g

植物油 … 大さじ3

乾燥赤唐辛子（ヘタと種を除き半分にちぎる）
… 3本分

A　クミンシード … 小さじ1
　　フェンネルシード … 小さじ1
　　コリアンダーシード（粗挽き）… 小さじ1/2
　　洗いゴマ（白）… 小さじ1
　　ヒング … 小さじ1/4

B　コリアンダーパウダー … 小さじ1
　　ターメリックパウダー … 小さじ1/4
　　チリパウダー … 小さじ1/2
　　レッドペッパー（粗挽き）… 小さじ1/2
　　マンゴーパウダー … 小さじ1/2
　　チャットマサラ（p.178参照）… 小さじ1/4
　　カスリメティ … 小さじ1/4
　　塩 … 小さじ1

作り方

1　ジャガイモはゆでて皮をむき、大きめの一口大に切る。インゲンはゆでて両端を除き、3㎝幅に切る。

2　フライパンに植物油と赤唐辛子を入れて、弱めの中火で温める。

3　赤唐辛子が膨らんできたらAを加える@。

4　クミンシードのまわりに泡が立ってきたら、ごく弱火にしてBを加え、混ぜながらチリパウダーが油となじむまでじっくり加熱する⑥。

5　4に1の野菜を入れて混ぜ、スパイスとなじませる©。

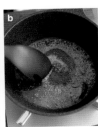

ラジャスタニ
ミルチワダ
(万願寺唐辛子の
ジャガイモ詰め)

ジャガイモの詰め物のおいしさに加え、唐辛子のピリッとした爽やかさ、そしてカリッと軽い衣がなんともいえないスナックです。露店をはじめ家庭でもよく作られます。南インドのミルチ バジに似ていますが、ここラジャスタンでは、ホールスパイスを粗挽きにして加えることが特徴。ラジャスタンで使う唐辛子は南インドで使うものよりも小さめで肉厚といわれていますが、十分に詰め物が入る大きさで辛みの少ないものであれば、甘長唐辛子、ジャンボシシトウ、バナナチリなどでも代用できます。肉厚で少しピリッとしたもののほうがおいしく仕上がりますよ。

材料(作りやすい量)
万願寺唐辛子(大。ヘタの下から縦に
　切り目を入れる)… 6本
ジャガイモ(ゆでて皮をむき
　マッシュポテト状につぶす)… 中1個分
植物油 … 大さじ1
A　赤玉ネギ(みじん切り)… 中1/8個分
　　生姜(すりおろし)… 小さじ1と1/2
　　▲ニンニク(すりおろし)
　　　… 小さじ1(好みで入れる)
　　青唐辛子(ヘタと種を除きみじん切り)
　　　… 2本分
　　香菜(みじん切り)… 大さじ1(山盛り)
B　コリアンダーシード … 小さじ1/2
　　クミンシード … 小さじ1/2
　　フェンネルシード … 小さじ1/8
　　黒粒コショウ … 小さじ1/4
C　ターメリックパウダー … 小さじ1/8
　　チリパウダー … 小さじ1/4
　　マンゴーパウダー … 小さじ1/8強
　　ヒング … 小さじ1/8強
　　塩 … 小さじ1/2
D　ベサン粉 … 1と1/2カップ
　　重曹 … 小さじ1
　　ターメリックパウダー … 小さじ1/2
　　チリパウダー … 小さじ1/2
　　チャットマサラ(p.178参照)… 小さじ1/2
　　塩 … 小さじ1/2
揚げ油(植物油)… 適量

準備(B/ホールスパイス)
1　Bのホールスパイスは乾煎りし、皿にとり出す。常温に冷めたらミルミキサーで粗挽きにする(または麺棒などでよくすりつぶす)。

準備(D/揚げ衣)
2　ボウルにDを入れよく混ぜてから、水150mlを加え、よく混ぜてなめらかな衣を作る。

作り方
3　【詰め物を作る】フライパンに植物油大さじ1を入れて弱めの中火で温め、1のスパイスを入れて混ぜ、続けてAの赤玉ネギも入れて混ぜる。

4　赤玉ネギがやわらかくなったら、残りのAとCを入れて混ぜ、ジャガイモも加えてよく混ぜて、器にとり出しておく。

5　【唐辛子に詰めて揚げる】万願寺唐辛子の切り目を指先で開き、4を詰める。

6　5の唐辛子のヘタをつまみ、2の衣をまんべんなくつける。

7　6を180℃に熱した油に入れて、カリッとキツネ色に揚げる。

8　器に盛る(好みのチャツネやケチャップを添えるとよい)。

ハリーム

ムガル料理

王様のハンティングの間に思いがけず誕生したという逸話のある傑作カレー。白コショウを効かせた珍しいカレーや王妃好みのダルなど。ムガル帝国の底知れない力と食へのこだわりから生まれた、奥深い料理の世界が広がります。

【 カレー、ダル 】

モハンマアス

ハリーム（肉と豆の煮込みスープ）

煮込んだ肉に米や豆のペーストを合わせて作る、どろっとした栄養豊かなスープで、これは通常夕食として食べられます。肉と数種類の豆や穀類を使って作られるため、異なる多種類の栄養素が摂れるうえに消化もよく、1日を締めくくる食事として最適なものだからです。ハリームはもともとペルシャの王様のために銅の鍋で作られていたといわれ、それがインドのデカン地方にあったニザーム王国の武将たちの間に広まりました。インドの初期のノンベジタリアン料理ともいわれています。作るのに時間がかかりますが、作っておけばこのスープひとつで栄養満点。寒い冬の時期には、スープジャーなどに入れてお弁当として持っていくのもよいかもしれません。

材料（作りやすい量）

牛肩ロース肉（シチューサイズの角切り）＋牛骨（あれば1〜2個）… 計600g程度＊

A
| チャナダル … 1/2カップ
| ムングダル（皮むき割り）… 大さじ3
| マスールダル … 大さじ3
| ウラドダル（皮むき割り）… 大さじ3
| ▲もち麦（あれば）… 大さじ3
| バスマティライス … 大さじ3

植物油 … 大さじ1

B
| テジパッタ（またはベイリーフ）… 2枚
| クミンシード（またはシャヒジーラ）… 小さじ2
| 黒粒コショウ … 小さじ1
| カシアバーク … 5cm
| クローブ … 小さじ1
| ブラックカルダモン …1個

赤玉ネギ（ごく細かいみじん切り）… 中1/2個分
カシミールチリパウダー … 小さじ2
生姜（すりおろし）… 大さじ1
ニンニク（すりおろし）… 大さじ1

C
| コリアンダーパウダー … 小さじ2
| ターメリックパウダー … 小さじ1/4
| クミンパウダー … 小さじ1
| ガラムマサラ（p.178参照）… 小さじ1/2
| 塩 … 小さじ1〜適量

【テンパリング】

D
| 植物油 … 大さじ1
| ギー … 大さじ1
| 赤玉ネギ（薄切り）… 中1/6個分
| カシミールチリパウダー … 小さじ1

【トッピング】

E
| 生姜（千切り）… 約15g
| 香菜（みじん切り）… 大さじ2
| ▲ライム（いちょう切り。あれば）… 適量

＊牛骨がない場合は、オックステールと肩ロース肉を合わせて使用してもよい。

準備（豆と穀類）

1 Aはすべて洗ってボウルに合わせ、水600㎖を加え、2〜8時間ほど浸けておく（圧力鍋を使用しない場合は、長く浸けるほど煮込み時間が短縮できる）。

2 厚手の鍋に1を水ごとすべて入れ、豆が、指先で簡単につぶせるほどやわらかくなるまで煮る（圧力鍋を使用してもよい）。

3 2をマッシャーでペースト状になるまでつぶす（またはハンドブレンダーでペーストにする）。

作り方

4 【牛肉とスパイスを煮込む】別の厚手の鍋に植物油とBを入れて、弱めの中火で加熱する。

5 カルダモンが膨らんできたら、赤玉ネギを加え、混ぜながら加熱する。

6 赤玉ネギの縁が茶色くなってきたら、カシミールチリパウダーを加えて混ぜ、チリパウダーが油となじんだら、生姜とニンニクを加えて混ぜる。

7 ニンニクに火が通ったら、牛肉と牛骨を加え、混ぜながら加熱する。牛肉に少し焼き目がついたらCを加え、混ぜながら加熱する。

8 スパイスが油となじんできたら水600㎖を加え、蓋をして牛肉がやわらかくなるまで2時間ほど煮る。

9 【ペーストを加えて煮込む】8から牛肉のみをとり出し、繊維に沿って裂く。

10 9の牛肉を8の鍋に戻し、3のペーストをすべて入れ、水200㎖を加えて混ぜ、蓋をして20分ほど煮込む（途中で水分が少なくなりすぎたら、水を加えてもよい）。

11 【テンパリング】小鍋（またはタルカパン）にDの植物油とギー、赤玉ネギを入れ混ぜながら加熱する。玉ネギが濃い茶色になったらすぐに火を止め、カシミールチリパウダーを加えて混ぜ、油が赤くなったら10に加える。

12 器に盛り付け、Eを好みの量散らす。

モハンマアス（白コショウが効いた骨付き肉のカレー）

ラジャスタンのカレーといえば、真っ赤でスパイシーなラアルマアス（p.14）、そしていかにも宮廷料理らしい白いセーフドマアス（p.29）がかならず挙げられますが、このモハンマアスは、その2つの料理のよい部分を兼ね備えたおいしさをもつカレーではないかと思います。モハンマアスはムガル帝国に最後まで屈せずに威厳を保ち続けた、メワール王国から生まれた料理だといわれています。実はメワール王国はヒンドゥー教国だったのですが、ハンティングした動物に敬意を表してでしょうか、肉を使う料理も宮廷料理としてあったようです。このころのハンティングは趣味としての楽しみだけでなく、戦の腕を磨く練習であり、王族のエクササイズとしても盛んに行われましたので、なるほどとも思います。このモハンマアスは、ホールスパイスを主体としたスパイス使いに白コショウが加わり、ちょっと今までにないカレーの醍醐味が味わえる一品です。

材料（作りやすい量）

鶏骨付き肉（ぶつ切り）＊ … 600g（皮をむく）

A
| ヨーグルト … 大さじ4
| ガラムマサラ（p.178参照）… 小さじ1/4
| 塩 … 小さじ1/4

ギー … 大さじ1

植物油 … 大さじ1

B
| 乾燥赤唐辛子 … 1本
| テジパッタ（またはベイリーフ）… 2枚
| ブラックカルダモン … 1個
| グリーンカルダモン … 5個
| クローブ … 3個
| カシアバーク … 6cm
| 黒粒コショウ … 小さじ1

クミンシード … 小さじ1

コリアンダーシード（粗挽き）… 小さじ1

玉ネギ（みじん切り）＊ … 小1/2個分

カシミールチリパウダー … 小さじ1

C
| 青唐辛子（ヘタをつけたまま
| 縦に切り込みを入れる）… 4本
| 生姜（すりおろし）… 大さじ1強
| ニンニク（すりおろし）… 大さじ1強

D
| 牛乳 … 1/4カップ
| ヨーグルト … 大さじ4
| 白コショウパウダー … 小さじ1
| メースパウダー … 小さじ1/8
| 塩 … 小さじ1/2強～好みの量

E
| カシューナッツ … 7個
| ベサン粉 … 小さじ1
| 水 … 大さじ3

＊鶏肉は、骨なしのモモ肉（皮なし）500gを、唐揚げサイズに切って使用してもよい。また、ラム肉を使用してもよい。

＊赤玉ネギではなく、普通の玉ネギを使う。

準備（鶏肉）

1 鶏肉はボウルに入れ、Aを加えてもみ込み、最低でも30分（できれば2～8時間ほど）漬けておく。

準備（E／カシューナッツペースト）

2 Eは合わせてミルミキサーでペーストにしておく。

作り方

3 【鶏肉を焼く】厚手の鍋にギー、植物油、Bを入れて弱火でじっくり加熱する。

4 赤唐辛子が膨らんできたらクミンシード、コリアンダーシードを加えて混ぜながら加熱する。

5 クミンシードのまわりに泡が立ってきたら、すぐに1の鶏肉のヨーグルトをぬぐいとり、肉のみを鍋に加え（ぬぐいとったヨーグルトはとりおく）、混ぜながら加熱する。鶏肉が白っぽくなったら、鶏肉のみ皿にとり出しておく。

6 【カレーのベースを作る】5の鍋に玉ネギを入れ、弱めの中火で加熱する。玉ネギがやわらかくなり透き通ってきたら火を弱め、カシミールチリパウダーを加えてよく混ぜる。

7 チリパウダーが油となじんだら、Cを加える。

8 【鶏肉を戻して煮込む】ニンニクの香りが立ってきたら、5の鶏肉、とりおいたヨーグルト、D、2のカシューナッツペースト、水200mlを加え、弱めの中火で加熱する。沸騰したら蓋をして20分ほど加熱する。

＊＊＊＊＊＊＊＊＊＊＊＊＊＊＊＊＊＊＊＊＊＊＊＊＊＊

・【テンパリング】小鍋（またはカルカパン）に大さじ2の植物油を入れて弱めの中火で温め、カシミールチリパウダー大さじ1を加えたらすぐに火を消す。スプーンで混ぜながら余熱でなじませ、盛り付けたモハンマアスにかけてもよい。その上に香菜のみじん切りを適量散らしてもよい。

＊＊＊＊＊＊＊＊＊＊＊＊＊＊＊＊＊＊＊＊＊＊＊＊＊＊

ジャングリマアス

セーフドマアス

ジャングリマアス
（皇帝の
ハンティングカレー）

ジャングリは「野生の」、マアスは「肉」という意味です。ムガル帝国３代目皇帝のアクバルは、食とハンティングを上手に使って、ムガル帝国を強大な大国にする土台を築いたといわれています。もともと食通が多いムガル帝国ですが、中でも別格のグルメだったアクバル。この地帯を支配していたラージプート（下記参照）の王たちを、50種類から数百もの料理が並ぶ宴会とハンティングで接待し、最終的には友好的に奉納金を納めさせるという手段で、インドでの権力を強大なものにしていきました。実はこのジャングリマアスは、まさにこの接待の途中で偶然にできた傑作料理。それはアクバルがラージプートの王族を連れハンティングを楽しんでいる間に、キャンプに同行していたシェフが、あらかたの料理を作り終えた後に、まだ手元に残っていたわずかなスパイスと、狩猟の獲物と塩だけを合わせ、主人の帰りを待ちながら焚き火の火でコトコト煮て作ったのが始まりと、いわれています。この料理をおいしく作るコツは、たっぷりの油の中で肉と唐辛子のうま味をじっくり引き出すことにつきます。本来味の要となるこの唐辛子は、残念ながら日本では入手が難しいため、手に入るカシミールチリパウダーを使い、できる限り少ない量のギーでおいしく仕上がるようにレシピを工夫してみました。一般的にカレーと呼ばれる味とは少し異なりますが、バスマティライスに少しずつかけて召し上がってみてください。私の大好きな味です。

材料（作りやすい量）

鶏骨付き肉（ぶつ切り）＊ … 600g（皮をむく）
ギー … 大さじ２
植物油 … 大さじ１
カシミールチリパウダー … 小さじ４
A　　ニンニク（特大）… ２粒
　　　　（皮をむき、麺棒でたたきつぶす）
　　　コリアンダーシード（粗挽き）… 小さじ１
　　　ブラックカルダモン（大）
　　　　… １個（たたきつぶす）
　　　黒粒コショウ … 小さじ１
　　　　（キッチンペーパーに包んで、
　　　　麺棒でたたきつぶす）
　　　塩 … 小さじ１強
　　　▲ フェンネルパウダー（あれば）… ひとつまみ
香菜（みじん切り）… 大さじ２

＊鶏肉は、あれば近江黒鶏肉や軍鶏肉などがこの料理によく合う。またラム肉、ジビエ肉でもよい。

＊＊＊＊＊＊＊＊＊＊＊＊＊＊＊＊＊＊＊＊＊＊＊＊＊＊＊
・仕上がった料理の辛みが強すぎた場合は、ヨーグルト90mlを溶いたものを加えてよく混ぜる。また、盛り付けの際に、ヨーグルトを添えてもよい。
＊＊＊＊＊＊＊＊＊＊＊＊＊＊＊＊＊＊＊＊＊＊＊＊＊＊＊

● こぼれ話

ラージプートとは、もともとは６世紀ごろから現在のラジャスタン州を中心とする地域に居住する民族で、８世紀から12世紀ごろにかけて西インドから北インドにかけての地域を支配するさまざまな王朝を建設しました。このころからラージプートは王朝の一族を指すようになり、その後のムガル帝国時代になると、地域を統括して治める王族として存続するために、ムガル帝国の皇帝と婚姻を結ぶようになりました。３代目君主アクバルの時代には、これがムガル帝国の勢力を拡大するための、戦略のひとつにもされていました。

作り方

1 厚手の鍋にギー、植物油、鶏肉を入れ、弱めの中火で焼く。肉の下側が白くなったら裏返し@、両面とも白くなったら火を止め、肉を皿にとり出しておく。

2 すぐに１の鍋の中にカシミールチリパウダーを入れ、火を止めたまま１分ほど混ぜながら、余熱で油になじませる⑥。

3 続けてAを加え、弱めの中火で混ぜながら加熱する©。ニンニクの香り立ってきたら１の鶏肉を戻し、肉にスパイスと油をからませる。

4 水200mlを加え⑥、弱めの中火で加熱する。沸騰してきたら弱火にして蓋をする。

5 肉がやわらかくなり、ソースにとろみがついたら香菜を加え、ソースが肉にからむ程度の量になるまで煮詰める。

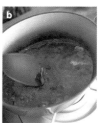

セーフドマアス（ヨーグルトとカシューナッツの白いカレー）

セーフは「白」という意味です。ムガル帝国で生まれたこの白いカレーは、その後ムグライ料理として北インドを中心に広まり、レストラン料理のひとつとして発展していきます。もともとのラジャスタンのセーフドマアスは、それよりも少しサラッとしているような気がします。これを作るときには、このきれいな白い色を損ねないように、辛みを出すための赤いチリパウダーを使わず、赤唐辛子の種のみを粉にして加えたりすることもあるようです。私のいつもの方法は、辛みが強く比較的淡い色味のカイエンペッパーを、辛みの強い青唐辛子とともに加えるというもの。もともとはあまり辛くない部類の料理ですが、やはりどこかにピリッと刺激があったほうが、最後まで飽きずにおいしく召し上がれると思います。クリーム、ミルク、ヨーグルト、カシューナッツとスパイスの奥深いコンビネーションを楽しみながら、皇帝はこんな料理を召し上がりながら藩主との友好を築いていったのかもなどと、悠久の歴史に想いを馳せながら楽しんでください。

材料（2～3人分）

鶏モモ肉（皮なし。大きめの一口大に切る）＊
　… 400g
ギー … 大さじ1＋大さじ1
植物油 … 大さじ1

A
　テジパッタ（またはベイリーフ）… 2枚
　ブラックカルダモン
　　… 3個（皮をむき種のみつぶして使う）
　グリーンカルダモン … 8個
　クローブ … 5個
　黒粒コショウ … 小さじ1

B
　クミンシード … 小さじ1
　フェンネルシード … 小さじ1/4

玉ネギ（みじん切り）＊… 中1/4個分

C
　青唐辛子（縦に切り込みを入れる）… 2本
　生姜（すりおろし）… 大さじ1
　ニンニク（すりおろし）… 大さじ1

D
　牛乳 … 100㎖
　ヨーグルト … 大さじ4
　生クリーム … 大さじ3
　カイエンペッパー … 小さじ1/2
　白コショウパウダー … 小さじ1/2
　塩 … 小さじ1弱～好みの量

E
　カシューナッツ … 7個
　ベサン粉 … 小さじ1
　水 … 大さじ3

＊鶏肉は骨付きぶつ切り肉500gに替えてもよい。その場合も皮はむく。
＊赤玉ネギではなく、普通の玉ネギを使う。

＊＊＊＊＊＊＊＊＊＊＊＊＊＊＊＊＊＊＊＊＊＊＊＊
・3で、鶏肉に焼き目をつけないことが大事。
・盛り付けた後に、好みでカルダモンパウダー、カイエンペッパー、メースパウダー、アーモンドスライスをそれぞれひとつまみずつふりかけてもよい（混ぜない）。
・他のナッツ類（カシューナッツ、クルミ、ピスタチオなど）や、金箔または銀箔などを飾りとしてのせてもよい。
＊＊＊＊＊＊＊＊＊＊＊＊＊＊＊＊＊＊＊＊＊＊＊＊

準備（E／カシューナッツペースト）

1　E は合わせてミルミキサーでペーストにしておく。

作り方

2　【鶏肉を煮込む】厚手の鍋にギー大さじ1とAのホールスパイスを入れ、弱火でじっくり加熱する。

3　グリーンカルダモンが膨らんできたら鶏肉を入れ、火を弱めの中火にし、鶏肉に焼き目がつかないように混ぜながら加熱する。

4　鶏肉のすべての面が白くなったら水200㎖を加え@、蓋をして鶏肉がやわらかくなるまで加熱する（圧力鍋を使ってもよい）。

5　【カレーのベースを作る】別鍋にギー大さじ1、植物油大さじ1を入れて弱めの中火で温め、B を入れる。

6　クミンシードのまわりに泡が立ってきたら⑤火を弱め、玉ネギを加え、混ぜながら焦がさないように加熱する。

7　玉ネギが透き通ってきたら、C を加える©。

8　【鶏肉を入れて煮込む】ニンニクの香りが立ってきたら、4 の鶏肉を煮汁ごと加え⑥、蓋をして5分ほど加熱する。

9　D と 1 のカシューナッツペーストも加え⑥⑥、ソースに軽くとろみがつくまで蓋をしないで弱火で加熱する。

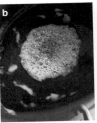

ムガリリザ クフタ

ダル（＊）の中でも栄養バランスが最高といわれる、5種類の豆を使って作るダルです。ダルはインドの食に欠かせないものですが、一般的なものは、実はムガル帝国に最後まで屈しなかったあのメワール王国で確立したといわれています。このパンチメルキダルもそのメワール王国で誕生しました。ダルは体にとてもよいのでほぼ毎日食卓に並びますが、ロイヤルキッチンでは王族の体調を管理するとともに、豆の分量の比率やスパイスのバリエーション、多様なテンパリングなどで、飽きさせない工夫もしていたようです。

＊ダルは割り豆のことをいう他に、このような、割り豆で作ったソースのある料理のこともいう。

パンチメル キ ダル

ムガリリザ クフタ（ミートボールカレー）

ペルシャのミートボール料理に、インドのキックが入ったとてもおいしい料理です。ムガル帝国の創始者バーブルの寵愛を一身に受けて育った息子であったフマーユーンは、40日ほどにも及ぶ求婚で妻にしたペルシャ人のハミーダ・ベーグムとともに、時間を見つけては学問や文化に勤しむ時間を好んで送ったといいます。このフマーユーンの嗜好は第3代皇帝となった息子のアクバル以降へも受け継がれ、後にペルシャの食、美術、建築、文献などがインドの文化にも影響を与えていったといわれています。ムガル帝国のロイヤルキッチンにも自然にその影響は広がり、ペルシャのミートボール料理であるクフタも、選び抜かれた敏腕シェフが日々の調理をする中で発展していきました。

材料

【ミートボール】（作りやすい量）

A
- 挽き肉（ラムまたは牛）… 500g
- 玉ネギ（ごく細かいみじん切り）… 小1/4個分
- マスールダル（ゆでたもの）… 大さじ4
- バスマティライス（炊いたもの）… 大さじ4

B
- チリパウダー … 小さじ1/2強
- シナモンパウダー … 小さじ1/4
- ターメリックパウダー … 小さじ1/4
- パプリカパウダー … 小さじ1/2
- 黒コショウ（粗挽き）… 小さじ1
- ▲ バーベリー（あれば。p.181参照）… 大さじ2
- スペアミント（みじん切り）… 大さじ2（またはドライミント … 小さじ1/2）
- 香菜（みじん切り）… 大さじ2
- 万能ネギ（小口切り）… 大さじ2
- 塩 … 小さじ1
- 卵（ラム挽き肉を使う場合）… 1個

【ソース】（上記のミートボールに対する量）

C
- 植物油 … 大さじ1
- ギー … 大さじ1
- 乾燥赤唐辛子（2つにちぎる）… 1本分
- グリーンカルダモン … 4個
- クローブ … 3個
- カシアバーク … 1cm角×2個
- ブラックカルダモン（小）… 1個

- ヒング … 小さじ1/8
- 玉ネギ（ごく細かいみじん切り）… 中1/4個分
- 生姜（すりおろし）… 小さじ2
- ニンニク（すりおろし）… 小さじ2
- チリパウダー … 小さじ1/2〜1（好みの量）

D
- コリアンダーパウダー … 小さじ1
- クミンパウダー … 小さじ1/4
- 黒コショウ（粗挽き）… 小さじ1/2

- トマトペースト … 大さじ1

作り方

1 【ミートボールを作る】ボウルにAをすべて入れ手でよく混ぜてから、Bを加えよく混ぜる。10分ほどおいておく。

2 1を（水っぽい場合には薄力粉を少量〈分量外〉加えて混ぜてから）ゴルフボール大に丸める。

3 フライパンに植物油大さじ2（分量外）を入れて温め、2を入れ、表面がキツネ色になるまで焼く。

4 【ソースを作る】厚手の鍋にCを入れて弱めの中火で温める。

5 カルダモンが膨らんできたらヒング、玉ネギを入れ、混ぜながら加熱する。

6 玉ネギが透き通ってきたら生姜、ニンニクも加える。

7 ニンニクの香りが立ってきたら、火を止めてチリパウダーを加え、混ぜながら余熱で数分加熱する。

8 チリパウダーが油となじんだらDを加えて混ぜ、トマトペーストと水600mlを加え、加熱する。

9 【ミートボールを加える】8が沸騰してきたら、3のミートボールを加え、蓋をしてソースに軽いとろみがつくまで弱火で5分ほど加熱する。

パンチメル キ ダル
（5種の豆で作る
宮廷のダル）

ムガル帝国のアクバルの妻で、著名なマリヤム・ウッザマーニー・ベーグム（ジョダ・バイ）がこのパンチメル キ ダルを大変好み、くり返し所望されたといわれています。そして第5代皇帝のシャー・ジャハーンが帝位に就くころには、ムガル帝国の中でも格別に人気のある一品となりました。インド食材店では数種の豆が混ざったものが販売されていることがありますが、自宅にある豆を同量ずつ組み合わせ、異なる味を味わうのも楽しいと思います。

材料（作りやすい量）

A｜ムングダル（皮付き割り）… 大さじ3
　｜ウラドダル（皮むき割り）… 大さじ3
　｜チャナダル … 大さじ3
　｜マスールダル … 大さじ3
　｜ツールダル … 大さじ3
ターメリックパウダー … 小さじ1/2

B｜ギー（または植物油）… 大さじ2
　｜乾燥赤唐辛子 … 3本
　｜クローブ … 3個

C｜ヒング … 小さじ1/4
　｜クミンシード … 小さじ1
　｜フェンネルシード … 小さじ1/4
赤玉ネギ（みじん切り）… 中1/2個分
ニンニク（みじん切り）… 大さじ1強
トマト（種を除きみじん切り）… 小1個分

D｜コリアンダーパウダー … 小さじ1
　｜チリパウダー … 小さじ1/2
　｜ガラムマサラ（p.178参照）… 小さじ1/4
　｜レッドペッパー（粗挽き）… 小さじ1/2
　｜マンゴーパウダー … 小さじ1
香菜（みじん切り）… 大さじ2
塩 … 小さじ1〜好みの量

【テンパリング】
E｜ギー（または植物油）… 大さじ2
　｜乾燥赤唐辛子（半分にちぎり
　｜　ヘタと種を除く）… 3本分
　｜赤玉ネギ（みじん切り）… 大さじ3
　｜ニンニク（薄切り）… 大1粒分
　｜コリアンダーシード（粗挽き）＊… 小さじ1/4
　｜カシミールチリパウダー … 小さじ1

＊粗挽きコリアンダーシードを大量に使わない場合は、使う
　分だけのコリアンダーシードを、麺棒の先端などで押しつぶ
　して作ってもよい。

準備（A／豆）

1　Aの豆は合わせてよく洗って水を切り、水600mlを加えて最低でも2時間以上浸けておく（長く浸けるほど調理時間が短縮できる）。

2　厚手の鍋に1の豆を水ごと入れ、ターメリックを加え、弱めの中火で加熱する。沸騰したら、蓋をして弱火にし、指先で簡単につぶせるようになるまで煮る（ⓐ途中で必要なら水を適量加えてもよい）。

作り方

3　【ダルのベースを作る】別の厚手の鍋にBを入れ、弱めの中火で加熱する。赤唐辛子が膨らんできたら、Cを加える。

4　クミンシードのまわりに泡が立ってきたら、赤玉ネギを入れて混ぜながら加熱し、透き通ってきて縁が茶色くなりはじめたら、ニンニクも加える。

5　ニンニクの香りが立ってきたら、トマトを加え、トマトの水分を飛ばすように混ぜながら加熱する。

6　トマトが崩れてペースト状になったら、Dを加え、混ぜながらスパイスが油となじむまで加熱するⓑ。

7　【豆を加えて煮る】2の豆を煮汁ごと加えⓒ、香菜、塩、必要なら水300mlを加え、蓋をしてときどき混ぜながら、豆が煮崩れるまで加熱する。

8　【テンパリング】Eのギーと赤唐辛子を小鍋（またはタルカパン）に入れて熱し、唐辛子が膨らんできたら赤玉ネギを加える。赤玉ネギが透き通ってきたらニンニクを加え、ニンニクの香りが立ったら粗挽きコリアンダーシードとカシミールチリパウダーも加えて混ぜ、7の鍋にすべて加えて混ぜるⓓ。

＊＊＊＊＊＊＊＊＊＊＊＊＊＊＊＊＊＊＊＊＊＊＊＊＊＊＊＊＊＊＊
・【豆の浸け時間】豆は種類、そしてホールか割りか、皮あり皮なしなどによって浸け時間が変わるので、もっとも時間のかかる豆に合わせる。
＊＊＊＊＊＊＊＊＊＊＊＊＊＊＊＊＊＊＊＊＊＊＊＊＊＊＊＊＊＊＊

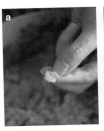

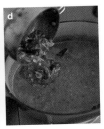

キーマ ダヒ ワダ

ロイヤル マライ ケバブ

ロイヤル マチリ ケバブ →p.184　魚をスパイスで漬け込んで焼いたケバブです。このレシピはペルシャの結婚式でも食べられて
いる魚のケバブに、インドの好みが加わったものです。

キーマ ダヒ ワダ（肉団子の ヨーグルトソース）

スパイスや香草をたっぷり加えた肉団子の上に、ヨーグルトやスパイスをかけて仕上げる贅沢な料理です。これはパーティーや結婚式、来客があったときなど特別な日に食べるものとして受け継がれてきたようです。私はこれを初めて食べたとき、すぐにグジャラティのチャート（p.60参照）であるダヒ ワダを思い出しました。またこれを食べた家族とは、ケバブの上品版だと、この料理の話で盛り上がったことを思い出します。この料理は、あるラージプート（p.30参照）の王国で受け継がれてきたものといわれていますが、実はそれはとてもシンプルな味付けのものでした。わが家で何度も作っているうちに、スパイスや香味野菜がどんどん加わっていき、結局このレシピに落ち着きました。ちょっと変わった肉団子料理をお楽しみください。

材料（作りやすい量）

羊（ラムまたはマトン）挽き肉 … 500g

A
| 植物油 … 大さじ1
| クローブ … 2個
| クミンシード … 小さじ1/2
| ▲シャヒジーラ（あれば）… 小さじ1/4
| 玉ネギ（みじん切り）… 中1個分
| ニンニク（みじん切り）… 大1粒分

B
| 生姜（すりおろし）… 大さじ1
| 青唐辛子（ヘタを除きみじん切り）
| … 2～3本分
| （青唐辛子の辛さにより量は調整）
| チリパウダー … 小さじ1/2
| クミンパウダー … 小さじ1
| ガラムマサラ（p.178参照）… 小さじ1/2
| ▲フェンネルパウダー（あれば）… 小さじ1/4
| 黒コショウ（中挽き）… 小さじ1
| 香菜（みじん切り）… 大さじ3
| スペアミント（みじん切り）… 大さじ1
| （またはドライミント … 小さじ1）
| 塩 … 小さじ1

植物油 … 適量

ヨーグルト … 450ml

▲ローズウォーター（あれば）… 小さじ1/2

C
| チリパウダー … 3つまみ
| クミンパウダー … 3つまみ
| 黒コショウ（粗挽き）… 3つまみ
| サフラン … ひとつまみ
| スペアミント（みじん切り）… 大さじ1
| 香菜（みじん切り）… 大さじ1

準備（A／玉ネギペースト）

1 フライパンにAの植物油、クローブ、クミンシード（あればシャヒジーラも）を入れて弱めの中火で温める。

2 クミンシードのまわりに泡が立ってきたら、玉ネギを加え、混ぜながら加熱する。玉ネギが透き通ってきて縁が茶色くなったら、ニンニクを加えて混ぜる。

3 ニンニクに火が通ったら火からおろし、常温に冷めたらミルミキサーでペーストにする。

準備（水切りヨーグルト）

4 ボウルにザルをかけ、その上にキッチンペーパーを敷いて、ヨーグルトのせ、1時間ほどおいて水を切る（この料理の場合は、1時間以上水切りしないほうがおいしく仕上がる）。

5 4のヨーグルトをすべてボウルにあけ、塩をひとつまみ（分量外）加え、やわらかくなりすぎないようにそっと混ぜておく。

作り方

6 挽き肉を別のボウルに入れ、3の玉ネギペーストとBを加え、粘りが出るまでよくこねる。

7 手のひらに植物油（分量外）をぬり、6をとってピンポン球程度の大きさに丸める。

8 フライパンに植物油を適量熱し、7を入れて揚げ焼きにし、キッチンペーパーの上にとり出して油を切る。

9 8を皿に並べ、上から5のヨーグルトをかける。あればローズウォーターを全体にふりかけ、Cも順番にふりかける。

ロイヤル マライ ケバブ（ラムチョップのマライケバブ）

マライケバブは、もともとマライ（*）という乳製品を中心に、ヨーグルトやスパイスを合わせたものに漬け込んで作る肉料理です。ここではマライを作る時間を省き、手に入りやすいクリームチーズや生クリームにヨーグルトを合わせて仕上げてみました。このマライケバブは火が出るほど辛い料理ではないのですが、それでもピリッとさせたほうがマリネの味がより引き立つと思います。けれども赤い唐辛子では、せっかくの白いマリネに色の主張が強すぎてしまうのです。そこで辛めのチリの種を挽いて加えたり、青唐辛子を辛めのものにしたりとさまざまな方法がとられますが、私がよくするのは、特別に辛いカイエンペッパーをひとつまみ加えて、辛みを添えるやり方です。

*マライはインドのクロテッドクリームの一種といわれるが、作り方も仕上がりも、一般的なクロテッドクリームとは異なる。

材料（3人分）

ラムチョップ … 6本（または鶏胸肉300g）
ライム果汁 … 小さじ2
カイエンペッパー … 小さじ1/4
クリームチーズ … 大さじ1（18g）
生クリーム … 大さじ1

A
コリアンダーシード … 小さじ2
クミンシード … 小さじ1
グリーンカルダモン … 1個
黒粒コショウ … 小さじ1/4
テジパッタ（またはベイリーフ）
　… 1枚（半分にちぎる）
カシアバーク … 1cm角
クローブ … 3個

B
ギリシャヨーグルト* … 大さじ1
ローストクミンシード
　… 小さじ1/4（指先でしごいておく）
カルダモンパウダー … 小さじ1
メースパウダー … 小さじ1/4
生姜（すりおろし） … 小さじ2
ニンニク（すりおろし） … 小さじ2
青唐辛子（ヘタを除きみじん切り）
　… 2本分（青唐辛子の辛さにより増減）
香菜（みじん切り） … 小さじ1
塩 … 小さじ1/2

*ギリシャヨーグルト（グリークヨーグルト）：乳清や水分をある程度とり除いた、硬めのヨーグルト。普通のヨーグルトを冷蔵庫で24時間水切りした（やり方はp.38参照）、水切りヨーグルトでも代用できる。

作り方

1 【下漬け】ラムチョップをボウルに入れ、ライム果汁を加えてもみ込んでから、カイエンペッパーも加えてもみ込み、30分から1時間おいておく。

2 【本漬け】クリームチーズは、常温に戻して（または600Wの電子レンジに10秒ほどかけて）やわらかくし、生クリームと混ぜておく。

3 Aのホールスパイスは乾煎りし、皿にとり出す。常温に冷めたらミルミキサーで粉にする。

4 別のボウルに2と3のスパイスを入れて混ぜ、Bも加え混ぜてから1のラムチョップを入れてよくもみ込み、冷蔵庫で1日漬けておく@。

5 【焼く】4の肉を常温に戻し、肉についたヨーグルトなどをぬぐいとって、魚焼きグリルやフライパンなど好みの方法で、途中塩（分量外）をふりかけながら焼く。

＊＊＊＊＊＊＊＊＊＊＊＊＊＊＊＊＊＊＊＊＊＊＊＊＊＊＊

・ライム果汁、チャットマサラ（p.178参照）、カイエンペッパー、スペアミント（みじん切り）を好みの量ふりかけてもよい。

＊＊＊＊＊＊＊＊＊＊＊＊＊＊＊＊＊＊＊＊＊＊＊＊＊＊＊

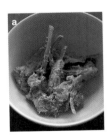

ロイヤル ビリヤーニ
（皇帝のビリヤーニ）

ムガル帝国3代目の皇帝であるアクバルに出す食事は、皇室付きの医師とトップシェフが毎週会議をし、体調の管理と好みの味に合わせた飽きさせない工夫という両方の観点から、そのときのアクバルにとって最適なメニューを決めていたといいます。その会議は、調理場の入り口にも警備がつくような物々しい警戒の中で行われ、でき上がったメニューや調理法は極秘で扱われていたそう。もちろんムガル帝国の料理ですから肉が中心かと思われますが、実はアクバルは週に数回は肉を食べたものの、残りの日はベジタリアン料理を好んで食べていたといわれています。中でもプラオやベジタリアンビリヤーニは特にお好みでした。

材料（3〜4人分）

バスマティライス … 2カップ

A｜ テジパッタ（またはベイリーフ）… 2枚
　｜ ブラックカルダモン … 2個
　｜ グリーンカルダモン … 6個

植物油 … 大さじ1

ギー … 大さじ2＋大さじ1

B｜ テジパッタ（またはベイリーフ）… 3枚
　｜ グリーンカルダモン … 8個
　｜ ブラックカルダモン … 2個
　｜ クローブ … 8個
　｜ 黒粒コショウ … 小さじ1/2
　｜ カシアバーク … 5cm×1cmを3個
　｜ コリアンダーシード（粗挽き）… 大さじ1

クミンシード … 小さじ1

▲ シャヒジーラ（あれば）… 小さじ1

生姜（すりおろし）… 大さじ1

ニンニク（すりおろし）… 大さじ1

青唐辛子（ヘタを除き縦に割ってから半分に切る）
　… 4本分

赤玉ネギ（薄切りにし、半分ずつに分けておく）
　… 中1個分

チリパウダー … 小さじ1

C｜ ジャガイモ（皮をむき小さめの一口大に切る）
　｜　… 中1個分
　｜ インゲン（両端を切り2cm程度に切る）
　｜　… 100g
　｜ ナス（小さめの一口大に切る）… 1カップ
　｜ ニンジン（1cm角切り）… 1/2カップ
　｜ グリンピース … 1/3カップ

カシューナッツ … 大さじ3

D｜ ターメリックパウダー … 小さじ1/4
　｜ コリアンダーパウダー … 小さじ1
　｜ ガラムマサラ（p.178参照）… 小さじ1/2
　｜ ヨーグルト … 1カップ
　｜ 香菜（みじん切り）… 大さじ3
　｜ 塩 … 大さじ1

サフラン … 小さじ1/2
　（温めた牛乳大さじ3と混ぜておく）

準備（バスマティライス）

1　バスマティライスは洗ってから鍋に入れ、水800mℓとAのスパイスを加えて硬めにゆでて、湯を切る（ゆで湯もとりおく）。

2　1のバスマティライスとスパイスをすぐにボウルに入れ、ギー大さじ2を混ぜておく。

準備（C／野菜）

3　Cのナス以外の野菜は切ってからそれぞれ下ゆでしておく（冷凍のグリンピースを使う場合は、ザルに入れて水をかけてから水を切っておく）。

準備（赤玉ネギ／仕上げ用）

4　フライパンに植物油（分量外）と薄切りにした赤玉ネギ1/2個分を入れ、茶色くカリッとするまで揚げ焼きにする。

作り方

5　【具を作る】フライパンに植物油、ギー各大さじ1とBを入れ、弱火でじっくり加熱する。

6　グリーンカルダモンが膨らんできたら、火を弱めの中火にしてクミンシード（あればシャヒジーラも）を加える。

7　クミンシードのまわりに泡が立ってきたら、生姜、ニンニク、青唐辛子を加えて混ぜる。ニンニクの香りがしてきたら、薄切りの赤玉ネギ1/2個分を加え、縁が茶色くなるまで加熱し、チリパウダーを加える。

8　チリパウダーが油となじんだら、Cのすべての野菜とカシューナッツを加えて30秒ほど混ぜ、Dも順に加えて混ぜながら加熱し、皿にとり出しておく。

9　【ビリヤーニを仕上げる】8のフライパンに2のバスマティライスの半分を敷き詰め、その上に8をすべて敷き詰め、残りのバスマティライスを上に敷き詰める。

10　最後に4を散らし、1でとりおいた湯から1/4カップ程度を手のひらにつけながらまんべんなく散らし、蓋をして、強めの弱火で20分ほど加熱する（途中焦げそうであれば火を弱め、手のひらで水を数回かけてもよい）。

11　10の蓋を開け、サフランを混ぜた牛乳を、バスマティライスの白い部分が残るようにふりかけ、蓋をして2分ほど蒸らす。

12　大きめのスプーンで底からざっくり混ぜてから、器に盛り付ける。好みでみじん切りの香菜（分量外）を散らしてもよい。

【 デザート 】

材料（作りやすい量）

薄力粉＊ … ２カップ

A 重曹 … 小さじ1/2
カルダモンパウダー … 小さじ2
塩 … 小さじ1/4

ギー … 大さじ3
ヨーグルト … 大さじ1
揚げ油（植物油）… 適量

【 シロップ 】

B グラニュー糖 … 500g
水 … 250㎖
ローズウォーター … 小さじ1
サフラン … ２つまみ

＊ここでは日本で手に入りやすい薄力粉を使っているが、イ
ンドでは一般的にマイダ（インドの中力粉）を使う。

準備（Ｂ／シロップ）

1 鍋にＢのグラニュー糖と水を入れ、弱めの中火
で加熱する。とろみがついてきたら、ローズウォ
ーターとサフランを加えて混ぜる。

作り方

2 【 生地を作る 】薄力粉をボウルに入れ、Ａを加
えてよく混ぜた後、ギーを加えて指先で混ぜてい
く。

3 不揃いなそぼろ状になったら、ヨーグルトを加え
て同様に混ぜる。

4 そぼろ状の生地を握るとまとまる状態になったら、
冷水50㎖を少しずつ加え、ざっくり混ぜながら
ひと塊の生地にまとめる（こねすぎない）。

5 4のボウルにラップをかけ、20分ほどおいておく。

6 【 成形して揚げる 】5の生地を8等分にし、そ
れぞれ丸めてから両手のひらで軽く挟んで形を
整え、人差し指で真ん中に大きめの丸いくぼみを
作る（貫通はさせない）。

7 6を170～175℃に熱した油に入れ、キツネ色
になるまでじっくり揚げる。キッチンペーパーの
上にとり出し、油を切っておく。

8 【 シロップに浸ける 】7を1のシロップに浸し
ておく（ⓐ浸す時間は、どれだけシロップを染
み込ませたいかによる）。

9 シロップからとり出して皿にのせ、好みでピスタ
チオやドライローズ、ザクロの実（すべて分量外）
など好みのものを飾る。

バルシャイ
（ラジャスタニ ドーナッツ）

簡単にいえば、スパイスを混ぜた生地を揚げて作ったドー
ナッツを、シロップに浸して作るスイーツです。インド全
域で食べられていて、特にデュワリなどのお祭りや結婚式
には欠かせないものですが、おもしろいことに、ラジャス
タンから北側と南インドでは名前と形に違いがあります。
ラジャスタンではバルシャイと呼ばれ、形はドーナッツの
穴の部分がへこんでいるだけのもの。南インドではバドゥ
シャと呼び、ドーナッツの外周をつまんで飾りを作ります。
本来はギーを使って揚げますが、そんなに多量のギーを用
意するのは難しいので、ここでは植物油を使用しています。
もし、今日は思い切り贅沢に！と思ったら、450gサイズ
のバターを数本用意して大量のギーを作り、それを揚げ油
として作ってみてください。より本格的な仕上がりになり
ます。

＊作りたては写真のような状態だが、
時間が経つとグラニュー糖が固まり、
白っぽくなる。どちらもおいしく食
べられる。

Gandhinagar
Gujarat

グジャラート州
GUJARAT

グジャラティ料理

グジャラティ語を話す人々のコミュニティで作られている料理です。ベジタリアン人口が集まるこの地には、甘みと酸味のバランスのとれた、やさしい味の野菜料理がたくさん。ファルサンやナスタと呼ばれる軽食（スナック）を食べる文化も見逃せません。グジャラティ料理を知ることは、インド料理の新しい扉を開くことになるはずです。

【 スナック 】

パラック ノ ムティア（ホウレン草の蒸し物）

ムティアは、キャベツやドゥディ（ウリ科の植物）などの野菜に粉を加えた生地を蒸し上げて作る、グジャラティの家庭でよく食べられているスナックです。私も主人もこれがあまり好きなほうではなかったのですが、義母から教えてもらったホウレン草のムティアを作ってみたところ、そのおいしさにびっくり。それからというもの、いつもホウレン草を使って作るようになりました。このムティアには、テンパリングと香菜を散らすことがとても大切。おいしさを2倍にしてくれます。

材料（作りやすい量）

青唐辛子 … 1〜2本

A
- ホウレン草（根を除きみじん切り@） … 1カップ*
- バスマティライス（炊いたもの） … 1/2カップ
- ベサン粉 … 大さじ6
- ターメリックパウダー … 小さじ1/4
- ヒング … 小さじ1/8
- 植物油 … 大さじ1
- 塩 … 小さじ1/2強

【テンパリング】

B
- 植物油 … 大さじ1
- 乾燥赤唐辛子 … 1本
- マスタードシード … 小さじ1弱
- クミンシード … 小さじ1/4
- ヒング … 小さじ1/8
- カレーリーフ … 6枚ほど
- 洗いゴマ（白） … 小さじ1

【トッピング】

C
- 香菜（みじん切り） … 大さじ3
- ▲ココナッツ（生を削ったもの。または ココナッツファイン*。あれば） … 大さじ1

＊ホウレン草は切ったものを、計量カップにギュッと詰めてはかる。
＊ココナッツファインを使う場合は、同量のココナッツウォーターまたはココナッツミルクとよく混ぜて24時間おいた後、よく絞ってから使用するとよい。

● こぼれ話

インドの軽食について：グジャラティの料理文化でとても大切な軽食（スナック）は、ファルサンとナスタに分かれますが（p.9参照）、ファルサンはグジャラティ以外のラジャスタン地域やシンディー語圏でも、特に重要なものとされています。またファルサンの中には、インド各地に広まっているものもあり、特にチャートと呼ばれるものは、インド全域で人気です。本書ではp.60〜61でご紹介した3品が、このチャートにあたります。チャートはパンジャブ州のデリー（アグラのあたり）が発祥とも、ウッタルプラディーシュ州が発祥ともいわれ、その語源にもさまざまな説があります。そのひとつは、「なめる」という意味の「チャトナ」からきているという説。あまりにおいしくて、器に残ったものを指でぬぐってなめてしまうからだとか。

作り方

1. 【生地を作る】青唐辛子はヘタを除いてぶつ切りにし、水大さじ1を加えてミルミキサーでペーストにする。
2. ボウルにAを入れて1を加え⑥、バスマティライスをつぶすようにしながら混ぜて生地を作る©。
3. 乾いた手のひらに小さじ1の植物油（分量外）をぬり、2の生地をとって5cm×13cmほどの大きさにし、皿にのせる⑥⑥。
4. 【蒸す】3を蒸し器に入れて蓋をし、沸騰してから20分ほど弱めの中火で蒸す。
5. 4が冷めたら幅1.5cmほどに切り分け、盛り付け用の皿に盛る。
6. 【テンパリング】小鍋（またはカルカパン）にBの植物油と赤唐辛子を入れて弱めの中火で温め、赤唐辛子が膨らんできたらマスタードシードを入れる。マスタードシードが弾けはじめたらクミンシードを入れ、まわりが泡立ってきたら、ヒング、カレーリーフ、洗いゴマを入れる。
7. カレーリーフがカサカサしはじめたら、すべて5のムティアの上にかける。上からCをふりかける。

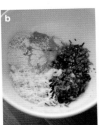

ライスパンキ
（米粉餅のバナナの葉焼き）

米粉とヨーグルトで作った生地にスパイスを加え、バナナの葉で挟んで焼いたものです。ちょっと笹団子を思い出させる食感ですが、塩味でどなたにも食べやすい味です。とても簡単ですが、焼く前に4時間ほど生地をやすませて、なじませることがおいしく作るコツです。米粉もヨーグルトもグジャラティの家庭では、だいたい常備しているもの。急にお客様がいらしたら、家にあるものを使って、簡単でも心を込めて喜んでいただけるようにおもてなしをする。そんな習慣がとても素敵で、なんだか日本のおもてなし文化と似ているような気がします。

材料（10枚分）
米粉（p.182参照）… 1カップ
ヨーグルト … 大さじ1と1/2
A　ニンニク（小）… 1粒
　　生姜 … ニンニクの2倍量
　　青唐辛子 … 1〜3本
　　　（青唐辛子の辛さにより量は調整）
B　塩 … 小さじ1/2
　　ヒング … 小さじ1/8
　　ローストクミンシード
　　　… 小さじ1（指先でしごいておく）
　　煎りゴマ（白）… 小さじ1/2強
ギー … 小さじ1
バナナの葉 … 10cm角×20枚＊

＊バナナの葉は大きいまま水で洗い、火であぶってから（@生地をのせて焼いたときに、裂けないようにするため）、10cm角に切る。

作り方

1　【生地を作る】米粉をボウルに入れ、ヨーグルトを加えて混ぜ、水120mlも加えて混ぜた後、4時間ほどおいておく。

2　Aは、水小さじ2を加えてミルミキサーでペーストにする。

3　1に2とBを加えて混ぜ、ギーも加えて混ぜる。

4　【バナナの葉で挟む】すべてのバナナの葉の裏側に、刷毛で植物油（分量外）をぬる。

5　4の葉1枚の油をぬった面に、3の生地を1枚分のせて平らにのばす⑥。その上に、生地をのせていないバナナの葉1枚を、油をぬった面を下にしてそっと重ねる©。残り9個も同様にして作る。

6　【焼く】フライパンに植物油（分量外）を薄くのばし、5を2〜3個のせ、弱めの中火で加熱する。

7　バナナの葉が茶色く色づいてきたら裏返し①、同様に焼く（焼き上がった生地は、無理なくバナナの葉からはがせる）。残りもすべて同様に焼く。

8　器に盛り、あればコリアンダーチャツネ（p.121参照）などを添える。

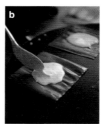

材料（8個分）

ムングダル（皮むき割り）… 1カップ

ヨーグルト … 大さじ4

A　青唐辛子（ヘタを除き4等分に切る）… 2本分
　　生姜（皮をむいて薄切り）
　　　　… 大さじ1程度の大きさ分

塩 … 小さじ1

【テンパリング】

B　植物油 … 大さじ1
　　マスタードシード … 小さじ1
　　クミンシード … 小さじ1
　　ヒング … 小さじ1/8
　　洗いゴマ（白）… 小さじ1/2

イノ（p.183参照。または重曹とクエン酸を
　同量ずつ混ぜる）… 小さじ1弱

レモン果汁 … 小さじ2

作り方

1　【生地を作る】ムングダルは洗ってから、水
　500㎖に3時間ほど浸けておく。

2　1のムングダルの水を切り、ミルミキサーに入れ、
　Aを加えてスムーズなペーストにする（必要であ
　れば大さじ1程度の水を加えてもよい）。

3　2をボウルに移して塩を加え、空気を含ませるよ
　うによく混ぜる。

4　【テンパリング】小鍋（またはタルカパン）に
　Bの植物油を入れて弱めの中火で温め、マスター
　ドシードを入れる。マスタードシードが弾けはじ
　めたらクミンシードを入れ、まわりに泡が立って
　きたらヒング、洗いゴマを入れる。なじんだら、
　3に加えて混ぜる。

5　【生地を仕上げて蒸す】蒸し器に入れる直前に4
　の生地にイノを加え、イノの上にレモン果汁を加
　え、泡が立ったら生地とよく混ぜる。

6　表面が平らな蒸し器にクッキングシートを敷き、
　その上に5の生地を大さじ2ほど、丸くなるよ
　うにたらす。蒸し器の大きさに合わせた個数分を
　同様にたらす（イドリ用の蒸し器があれば、それ
　を使用する）。

7　蓋をして弱めの中火で加熱し、沸騰してから8分
　ほど蒸す。

8　7が扱いやすい温度まで冷めたら、クッキング
　シートからはがして器に盛り、コリアンダーチャツ
　ネ（p.121参照）やチリチャツネ（p.184参照）
　などを添える。

パンドリ
（ムングダルのスナック）

皮むきのムングダルを使い、ヨーグルトを加えて作ります。
チャツネをつけてスナックとして召し上がってください。
おいしく作るコツは、ムングダルをしっかり水に浸けるこ
と。これを怠ると、やわらかくておいしいパンドリは作れ
ません。パンドリにはかならずチャツネが必要で、香菜か
ら作るコリアンダーチャツネとともにいただくのが一般的
ですが、何種類かのチャツネを準備してきれいに盛り付け
ると、人が集う場にもぴったりな華やかな1品になります。

カンドビ
（ベサン粉ロール）

グジャラティの代表的な軽食です。カンドビを作ってごらんなさいといわれたら、グジャラティの軽食の腕前を試されているようなもの。グジャラティでは家庭で作る軽食がとても重要視されていますが、街の軽食店でも販売されているので、最近では購入してしまうことも多いようです。私が初めてこれを食べたのは、寺院に併設されている軽食店でした。やさしい味と舌触りが心地よかったのを覚えています。おいしく作るコツは適度な厚さに生地をのばすこと。薄すぎても厚すぎても巻きにくくなり、なめらかに仕上がりません。慣れるまでは少し難しいのですが、あるとき思いついて寒天をごく少量加えて作ってみたところ、巻きやすくそして舌触りもよりなめらかになりました。初めて作る方は寒天を加える方法がおすすめです。

材料（作りやすい量）

ベサン粉 … 1カップ

A ┃ ヒング … 小さじ1/4弱
　┃ ターメリックパウダー … 小さじ1/4弱

ヨーグルト … 200㎖

B ┃ 生姜 … 10g
　┃ 青唐辛子（ヘタと種を除きぶつ切り）
　┃ 　… 2〜3本分

塩 … 小さじ1

粉寒天 … 小さじ1/8

【テンパリング】

C ┃ 植物油 … 大さじ2
　┃ マスタードシード … 小さじ1
　┃ ヒング … 小さじ1/8
　┃ カレーリーフ … 1枝分

【トッピング】

D ┃ 香菜（みじん切り）… 大さじ2
　┃ 青唐辛子（ヘタと種を除きみじん切り）
　┃ 　… 1〜3本分
　┃ ▲ ココナッツ（生を削ったもの。または
　┃ 　ココナッツファイン*。あれば）
　┃ 　… 大さじ2

＊ココナッツファインを使う場合は、同量のココナッツウォーターまたはココナッツミルクとよく混ぜて24時間おいた後、よく絞ってから使用するとよい。

準備

シルパットに、キッチンペーパーを使って植物油（分量外）を薄くぬっておく（タリー皿が4枚あれば、それを利用するとよい。すべてのタリー皿の裏側に同様に油をぬっておく）。

作り方

1 【生地を作る】ベサン粉にAを混ぜておく。ヨーグルトは溶いてから、水350㎖を加えて混ぜておく。

2 Bは、水大さじ2を加えてミルミキサーでペーストにする。

3 深めのテフロン加工のフライパンに、1のベサン粉をザルでふるいながら入れる@。更に1のヨーグルト水を少しずつ加えて混ぜながら、ペーストにする⒝。

4 3に2と塩、粉寒天を加えてよく混ぜたら、弱火にかけ、木ベラで混ぜながら10分ほど加熱する©。

5 生地がフツフツしてきて、ヘラの跡がフライパンの底に残るようになるまで混ぜながら加熱し⒟、火を止める。

6 【成形する】植物油をぬったシルパットの端に5の生地をすべてのせ（⒠タリー皿を使う場合は、4枚に分けてのせる）、カード（スケッパー）を使って薄く均等に手早くのばしていく⒡⒢。

7 そのまま数分常温におき、生地の表面が乾いたら、テーブルナイフで2.5㎝間隔に縦に切り目を入れていく（⒣端の部分は切りとって除く）。

8 7の生地の長さを半分に切る。生地の端をテーブルナイフで少し持ち上げ、そこからくるくると丸める⒤。巻き終わりを下にしておく。同じ作業をくり返す。

9 8の生地をすべて丸め終わったら、巻き終わりを下にして器に盛り付ける。

10 【テンパリング】Cの材料でテンパリングして（やり方はp.45参照）9にかけ、Dを散らす。

＊＊＊＊＊＊＊＊＊＊＊＊＊＊＊＊＊＊＊＊＊＊＊＊＊＊＊＊＊＊＊＊＊＊
・フライパンは、テフロン加工のものが失敗なく作れる。
・でき上がった生地は、時間をおかずすぐにのばす。
＊＊＊＊＊＊＊＊＊＊＊＊＊＊＊＊＊＊＊＊＊＊＊＊＊＊＊＊＊＊＊＊＊＊

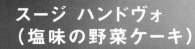

スージ ハンドヴォ
（塩味の野菜ケーキ）

本来は米と豆を別々に水に浸け、それぞれを挽いてから合わせ、ヨーグルトを加えて発酵させて生地を作ります。そこに野菜やスパイスを混ぜ、表面をカリッと焼くという、とても手の込んだ塩味の野菜ケーキです。ここではスージ（大粒セモリナ）とベサン粉を使い、発酵させずに手軽に作れる方法をご紹介しますが、実は生地を発酵させる過程でできる酸味がおいしさのひとつの要素なので、その代わりになるよう、ヨーグルトは、ぜひ酸味のあるものを使ってください。また、塩は焼く直前に生地に加えてください。初めから入れてしまうと生地が水っぽくなってしまいます。

材料（作りやすい量）

スージ（大粒セモリナ）… 1カップ

ベサン粉 … 1/4カップ

ヨーグルト（酸味のあるものがよい）… 1/2カップ

植物油 … 大さじ1＋大さじ3＋大さじ2

A｜青唐辛子（ヘタを除きぶつ切り）… 3本分
　｜生姜（皮をむき厚めのスライス）… 10g

B｜ズッキーニ（中）… 1本
　｜ニンジン（小）… 1本

C｜青唐辛子（みじん切り）
　　　… 2本分（辛みが強い場合は減らす）
　｜生姜（みじん切り）… 大さじ1
　｜香菜（みじん切り）… 大さじ2

D｜ターメリックパウダー … 小さじ1/4
　｜ダナジラ（p.178参照。または
　　　コリアンダーパウダー）… 小さじ1
　｜▲チリパウダー … 小さじ1/4（好みで加える）

塩 … 小さじ1/2〜好みの量

イノ（p.183参照。または重曹とクエン酸を
　同量ずつ混ぜる）… 小さじ1強

E｜〈同じものを2セット用意する／E₁、E₂〉
　｜マスタードシード … 小さじ1
　｜洗いゴマ（白）… 小さじ1
　｜カレーリーフ … 1枝分
　｜クミンシード … 小さじ1/2

作り方

1 【生地を作る】Aを合わせ、水大さじ1を加えてミルミキサーでペーストにする。

2 Bの野菜は、それぞれ粗目のチーズグレーターですりおろし、それぞれ塩小さじ1/4弱（分量外）を加えて混ぜ、5分ほどおいておく。

3 使う直前に、2の野菜から出た水分を絞り、出た水分もとりおく。

4 ボウルにスージとベサン粉を入れ、よく混ぜる。溶いたヨーグルトと大さじ1の植物油を加え、更によく混ぜる。

5 4に1のペースト、3の野菜、Cの香味野菜を順に加えて混ぜていく。

6 Dのスパイスを加えて混ぜ、野菜から出た3の水分も加減しながら加えて混ぜ、必要なら60〜80ml程度の水も加えて硬めの生地を作る。

7 焼く直前に、6に塩を加えて混ぜ、イノをのせ、その上に水小さじ2をかけて、泡が出てきたら全体を混ぜる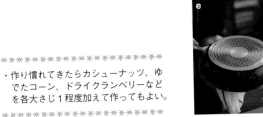。

8 【片面を焼く】フライパンに大さじ3の植物油を入れ、弱めの中火で温めながらフライパンの側面にも油をなじませる。

9 油が温まったらE₁のマスタードシードを入れる。マスタードシードが弾けはじめたら、洗いゴマ、カレーリーフ、クミンシードを加える。

10 すぐに火を止め、スパイスをフライパン全体に均等に広げる。

11 10のフライパンに7の生地を入れ、生地の表面をスプーンの背でなめらかにしたら、蓋をして強めの弱火で7分程度焼く。

12 【裏返して焼く】生地の下側がカリッと固まり茶色くなったら、蓋または皿をかぶせ、フライパンを返して生地をとり出す。

13 フライパンに残ったスパイスをふきとり、植物油大さじ2を入れ、E₂のホールスパイスを9、10同様にして広げる。

14 12の生地の焼いてない側を下にして、13のフライパンに戻す。

15 蓋をしないで7分程度弱めの中火で焼き、下の面もカリッとさせる。

16 皿にとり出し、常温に冷めたら好みの大きさに切り分け、コリアンダーチャツネ（p.121参照）やチリケチャップ（p.130参照）を添える。

＊＊＊＊＊＊＊＊＊＊＊＊＊＊＊＊＊＊
・作り慣れてきたらカシューナッツ、ゆでたコーン、ドライクランベリーなどを各大さじ1程度加えて作ってもよい。
＊＊＊＊＊＊＊＊＊＊＊＊＊＊＊＊＊＊

スージドクラ（塩味の蒸しケーキ）

ドクラはジャイナ教徒の食べ物としてかなり古くからあったようで、スナックや簡単な朝食、夜食として食べられてきました。ドクラにも、豆と米を発酵させて作るものをはじめ、ヒヨコ豆の粉で作るカマンドクラなど、いろいろな種類があり、それぞれにおいしさがあります。最近はホウレン草を使ったきれいな緑色のものや、ビーツを使ってピンク色にしたものもあります。スージドクラは、スージ（大粒セモリナ）を使って作るもので、発酵がいらないので思い立ったときにすぐに作れます。

材料（15cm×15cmの角型1枚分）

スージ（大粒セモリナ）… 1カップ
ヨーグルト … 大さじ3（約1/4カップ）
A　　青唐辛子 … 3〜4本
　　　生姜 … 10g
塩 … 小さじ1/2
イノ（p.183参照。または重曹とクエン酸を
　同量ずつ混ぜる）… 小さじ1
チリパウダー … 好みの量

作り方

1　【生地を作る】Aに大さじ2の水を加え、ミルミキサーでペーストにする。

2　大きめのボウルにヨーグルトを入れて、よく混ぜて溶く。

3　2にスージを入れてよく混ぜてから、水約200mlを加えて混ぜる。

4　3に1のペーストと塩を加えて混ぜ、常温に30分ほどおいておく。

5　スージが水を吸い生地がなめらかになったら、イノを加え力強く混ぜる（生地が硬すぎるようであれば、水を適量加えてもよい）。

6　【蒸す】クッキングシートを敷いた型に5の生地を入れ、蒸し器に入れて、沸騰してから中火で20分程度蒸す。

7　【仕上げ】6を、クッキングシートごと型から外す。扱いやすい温度に冷めたら、型を逆さまにしてクッキングシートをはがす。

8　好みの形に切り分けて皿に盛り付け、チリパウダーを散らす。

＊＊＊＊＊＊＊＊＊＊＊＊＊＊＊＊＊＊＊＊＊＊＊＊

・好みでコリアンダーチャツネ（p.121参照）やチリオイルを添える。チリオイルは、植物油大さじ2にチリパウダー大さじ1を加え、よく混ぜて作る。
・【テンパリング】盛り付けてから、植物油大さじ2、マスタードシード小さじ1、カレーリーフ1枝分、洗いゴマ（白）小さじ1/2でテンパリング（やり方はp.45参照）してかけ、香菜を散らしてもよい。

＊＊＊＊＊＊＊＊＊＊＊＊＊＊＊＊＊＊＊＊＊＊＊＊

スージの保存法

❶弱火でしっかり温めたフライパンにスージを入れ、ときどき混ぜながら、強めの弱火で加熱する。

❷スージの香りが立ってきたら火を弱め、更に混ぜる。

❸スージがほのかに色づきはじめたら、フライパンをコンロから外し、全体が淡いハチミツ色になるようにフライパンを動かしながら余熱で火を入れる。

❹色づいたらすぐに皿に移し、常温に冷めたら保存容器に入れて保存する（いい状態で保存でき、いつでもすぐに使える）。

キチュ
（米粉の蒸し物）

キチュはもともとパパド（パパダム）を作るための生地を作っている最中に生まれた副産物的なものです。最近では米粉で作ることが主流になっていますが、実はパパドと同様いろいろな粉で作ることができます。盛り付け方も、スプーンですくってボウルに入れたり、このレシピのように丸めたりとさまざまです。ここではテンパリングをしていますが、ピーナッツ油など好みの油をかけて食べることもあります。

材料（作りやすい量）

米粉（p.182参照）… 1 カップ（125g）

A
| 青唐辛子 … 3本
| イノ（p.183参照。または重曹とクエン酸を同量ずつ混ぜる）… 小さじ1/4
| 植物油 … 大さじ2
| 塩 … 小さじ1/2強

【テンパリング】

B
| 植物油 … 大さじ2
| アジョワンシード … 小さじ1
| クミンシード … 小さじ1/2
| チリパウダー … 小さじ1/4
| ヒング … 小さじ1/4
| 洗いゴマ（白）… 小さじ1

【トッピング】

香菜（みじん切り）… 大さじ1

作り方

1 【生地を作る】Aの青唐辛子はヘタを除いてぶつ切りにし、水大さじ3を加えてミルミキサーでペーストにする。

2 鍋に水 400㎖を入れて弱めの中火で加熱する。大きな泡が立ちはじめたら、1とその他のAの材料を加える。

3 沸騰したら米粉を加え、木ベラで素早くかき混ぜて塊ができないようにする@⑥。

4 なめらかになったらすぐに火を止め、そのまま冷ましておく。

5 【成形して蒸す】扱いやすい温度になったら、手に植物油（分量外）をぬり好みの大きさに丸める©。指で中央を押して、くぼみを作る@。

6 あらかじめ植物油（分量外）をぬっておいた蒸し器のカゴに5を並べ、水を張った蒸し器に入れて中火で加熱する@。

7 沸騰したら蓋をして、弱めの中火で10分加熱する。

8 【仕上げ】7を蒸し器からとり出し、扱いやすい温度になったら皿に盛る。Bでテンパリングして（やり方はp.45参照）かけ、香菜を散らす。好みでチリパウダー（分量外）をかける。

 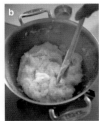   

マターカチョリ（グリンピースの揚げスナック）

グリンピースにスパイスを混ぜて作った詰め物を、チャパティと同じ生地で包んで揚げたスナックです。包み方はいろいろで、半月形にしたり、ボール状に丸めたりする家もあります。グジャラティ独特の甘くて酸っぱい味も、甘みが強かったり酸味が勝ったりと、家ごとに好みが分かれるところです。私はあまり甘くないものが好きなので、このレシピも甘さは控えめです。甘みには甜菜糖を使っていますが、グラニュー糖でも上白糖でも、またはジャガリー（p.183参照）を使っても作れます。

材料（12個分）

A
アタ（チャパティ粉）… 1カップ
片栗粉 … 大さじ1
塩 … 小さじ1/4
植物油 … 大さじ1
水 … 70㎖（その日の湿度により増減）

グリンピース（生を軽く下ゆでする）＊… 1カップ

B
生姜（粗みじん切り）… 20g
青唐辛子（ヘタを除きぶつ切り）… 2本分

C
香菜（みじん切り）… 大さじ3
レモン果汁 … 小さじ1
ダナジラ（p.178参照。または
　コリアンダーパウダー）… 小さじ1
ローストクミンシード … 小さじ1/2
ターメリックパウダー … 小さじ1/8
ヒング … 小さじ1/8
甜菜糖 … 小さじ1/4
塩 … 小さじ1/2

揚げ油（植物油）… 適量

＊グリンピースは冷凍のものでもよい。その場合はザルに入れて水をかけてから、自然解凍しておく。

作り方

1　【生地を作る】ボウルにAのアタ、片栗粉、塩を入れて混ぜる。粉の中央にくぼみを作り、植物油を加え、指先でしごくようにしてなじませる。

2　1に分量の水を加え、チャパティ生地を作る要領で生地を作る（p.81作り方3、4参照）。12等分にしてそれぞれ丸め、ボウルに戻し、ラップをかけておく。

3　【詰め物を作る】グリンピースをミルミキサーでみじん切りにし、大きめのボウルにとり出しておく。

4　Bと大さじ1の水をミルミキサーに入れ、ペーストにする。

5　3に4とCを加え、混ぜておく⒜。

6　【包んで揚げる】2の生地を1つとり出して台にのせ、麺棒で直径7㎝の円にのばし、中央に5の詰め物を大さじ1程度のせる。

7　生地の縁に指で水（分量外）をぬり⒝、縁をつまみながら中央にまとめるようにして包み⒞⒟、中央をつまんでとじ⒠、薄力粉（分量外）を薄くつける⒡。

8　とじた側を下にして台におき、手のひらで軽くつぶしてから、麺棒でそっと押さえるようにして直径6㎝ほどの円にのばす⒢。残り11個も同様にして作る。

9　180℃に熱した油で、キツネ色に揚げる。

＊＊＊＊＊＊＊＊＊＊＊＊＊＊＊＊＊＊＊＊＊＊＊＊＊＊＊＊
・Cには好みでマンゴーパウダー、チャットマサラ（p.178参照）などを小さじ1/8〜1/4ずつほど加えてもおいしい。
＊＊＊＊＊＊＊＊＊＊＊＊＊＊＊＊＊＊＊＊＊＊＊＊＊＊＊＊

メティテプラ

パタタ ポハ

チブダ → p.185

ポハ（フラットライス）を使って作るスナックです。甘くて酸っぱくて塩辛くて、スパイスの
香りとピリッとくる辛さが後を引くおいしさです。

メティテプラ（メティの葉入り作りおきパン）

メティ（フェヌグリーク）の生葉を生地に混ぜ込んで作るパンです。水をいっさい使用せず、粉をヨーグルトでのばして作ります。水を使わないため保存性が高く、グジャラティのベジタリアンが、肉食中心の場所に出かけるときには、事前にたくさん作り携帯することもあるほどです。上手に作るコツは、メティの葉に含まれている水分量を考え、ヨーグルトの量を調整すること。見かけは普通のパンのようですが、カレーと一緒に食べることはなく、ヨーグルトやアチャール、マサラチャイなどと一緒に、朝食や軽食として食べます。メティの葉が手に入らなかったら、少し味は変わりますが、香菜でも作れます。

材料（12枚分）

アタ（チャパティ粉）… 2カップ（220g）

A
チリパウダー … 小さじ2
ターメリックパウダー … 小さじ1/2
ダナジラ（p.178参照。またはコリアンダーパウダー）… 小さじ3（山盛り）
アジョワンシード … 小さじ1/4
ローストクミンシード … 小さじ1/4
塩 … 小さじ1
甜菜糖 … 小さじ1/16
ヒング … 小さじ1/16

植物油 … 大さじ1

メティの葉* … 1カップ

青唐辛子（ヘタと種を除きみじん切り）… 4本分

ヨーグルト … 大さじ8（量はメティやヨーグルトの水分量により調整する）

*メティは購入したら葉だけを摘みとり、水を入れた大きめのボウルに入れて葉を傷つけないようにやさしく洗い、サラダスピナーで水を切った後、計量カップに詰めてはかる。ラップで包んでから保存袋に入れて冷凍しておくとよい。

メティ

メティ（摘んだ葉）

＊＊＊＊＊＊＊＊＊＊＊＊＊＊＊＊＊＊＊＊
・焼いたテプラは常温に冷ましてから、密閉容器に入れるか、ラップで包んでから保存袋に入れて保存。常温で数日、冷蔵庫の野菜室で1週間程度保存できる。食べるときに常温に戻す。
＊＊＊＊＊＊＊＊＊＊＊＊＊＊＊＊＊＊＊＊

● こぼれ話

日本でもメティを栽培する農家が出てきました。メティはメティシードから簡単に芽が出るのですが、その後がなかなか大変。やはり購入したほうがよいというのが私の結論です。

作り方

1 【生地を作る】メティの葉は、粗みじん切りにしておく（冷凍しておいたものを使用する場合は、切らなくてよい）。

2 アタとAをボウルに入れてよく混ぜる@。

3 粉の中央にくぼみを作り、植物油を加え、指先でしごくようにしてなじませる。

4 1のメティの葉（冷凍しておいたものⓑを使う場合は、ラップの上からもんで細かくする。ⓒ）、青唐辛子を加えてよく混ぜ合わせる（ⓓⓔメティからも多少の水分が出てくる）。

5 ヨーグルトを加減しながら加え①、混ぜ合わせながらよくこねる（ⓖボウルから出してこねてもよい）。

6 こねた生地は丸めてⓗ、植物油小さじ2（分量外）を表面にぬり、ラップをして5分ほどおく。

7 6の生地を12等分にして丸めておく。

8 【成形して焼く】7の生地1つを手のひらで軽くつぶし、小麦粉（分量外）を両面につけ、チャパティを作る要領で、台の上で直径14〜15cm程度にのばしていく（p.81作り方7参照）。

9 温めたタワ（またはフライパン）の上で、チャパティの要領で焼く（p.81作り方8、9参照）。

10 焼けたら皿にのせ、表面にギーまたは植物油（ともに分量外）をぬる。

11 ヨーグルト（分量外）を添えて、チャイとともに食べる。

バタタ ポハ
（フラットライスの
炒め物）

バタタはジャガイモ、ポハはお米を蒸して平たくし、乾燥させた乾物です。ポハはいろいろな呼び方があり、パウアなどと呼ぶこともあります。とても簡単に調理できることから、インドが英国領であったころには、艦隊で遠征する兵隊の食料として使われたこともあったとか。また雨や洪水で買い物に行けなくなるときのための非常食としても、活用されてきました。ポハの食べ方はいろいろです。通常は水で戻してから調理したり、または戻したものに直接ヨーグルトをかけたりしますが、戻さずにそのままソースのあるカレーをかけて食べる地域もあるようです。グジャラティではおもに朝食や夜食として、調理して食べられます。この料理もポハさえ手に入れてしまえば簡単に作れますので、ぜひ試してみてください。

材料（作りやすい量）

ポハ（フラットライス）… 1カップ
ジャガイモ（皮をむき1cm角に切る）… 中1個分
植物油 … 大さじ1＋大さじ1
▲ クローブ（あれば）… 1個
▲ カシアバーク（あれば）… 1cm角×1個
マスタードシード … 小さじ1/2
クミンシード … 小さじ1/2
カレーリーフ … 1枝分
赤玉ネギ（みじん切り）… 中1/8個分
A　ピーナッツ（生）… 大さじ2
　　青唐辛子（ヘタと種を除きみじん切り）
　　　　… 1〜3本分
B　ターメリックパウダー … 小さじ1/4
　　塩 … 小さじ1/2強
　　香菜（みじん切り）… 大さじ3
C　レモン果汁 … 大さじ1
　　甜菜糖
　　　　… ひとつまみ（レモンの酸味により調整）

ポハ

作り方

1　【 ポハを準備する 】ポハはザルに入れて細かい粉をふるい落とし@、蛇口から出る水を手で受けて散らしながらかけ、軽く洗っておく⑥。洗い終わったら水は無理に切らず、自然に吸収させておく。

2　【 ジャガイモを加熱する 】フライパンに植物油を大さじ1入れて弱めの中火で温め、ジャガイモを入れて加熱する。やわらかくなって角がキツネ色になったら皿にとり出しておく。

3　【 バタタ ポハを作る 】2のフライパンに植物油大さじ1を入れて（あればクローブ、カシアバークも）、弱めの中火で温め、マスタードシードを入れる。

4　マスタードシードが弾けはじめたらクミンシードを入れ©、カレーリーフを加える（⑥あれば油はね防止ネットを使用する）。弾ける音がおさまったら赤玉ネギを加える。

5　赤玉ネギが透き通ってきたら、Aを入れ⑥、2のジャガイモを加え⑤、混ぜながら加熱する。

6　続けて1のポハを入れ（ポハが乾燥してしまっていたらもう一度水をかけ、水を切ってから加える）、Bを順に加えて混ぜⓖ、蓋をして弱火で数分加熱する。

7　ポハがふっくらとしてきたら、Cを加えて混ぜ、味のバランスをとる。

＊この3品は、スナック（ファルサン）の中でもチャートに分類されます。チャートはおもに
揚げ物類に香味野菜やヨーグルト、コリアンダーチャツネ、タマリンドチャツネなどと、チャ
ートマサラ、マンゴーパウダーなどのマサラやチリパウダーがかかったものの総称で、インド
の他の地域にも見られます。

パニプリ

● こぼれ話

チャートには、こんなおもしろい逸話があります。ムガル帝国の第5
代皇帝シャー・ジャハンがデリーを治めていたころ、運河にたまった
汚れた水が原因でコレラが大流行したのですが、シャー・ジャハンの
依頼を受けた医師や魔術師たちがその対策として、タマリンド、赤唐
辛子、香菜、ミント、その他ものすごい数のスパイスを加えた食べ物
を食べることを、滅菌のひとつの方法として提案し、デリーの大衆が
これを信じて実行したことから始まった、というものです。

ダイパタタプリ → p.185

カリカリのプリに穴を開け、詰め物を詰めてから皿の上に並べ、ダヒ（ヨーグルト）とチャツ
ネやスパイスをかけて作る、屋台でも人気のスナックです。

ベルプリ → p.186

パフドライスやナムキーン（塩味のスナック）、香味野菜や豆を混ぜ、チャツネやスパイスを
加えて作ります。口に含んだ瞬間から、さまざまな味と食感が顔を出します。

パニプリ
（冷たい香味野菜スープ）

パニプリは数あるインドの屋台料理の中でも、インド全域に広がった特別なものです。それだけ、蒸し暑い時季のインドには特に欠かせないスナックなのです。他の地域ではゴルガッパと呼ぶこともあります。プリは一般的に粉で生地を作り揚げたものを指しますが、ここではパニプリ用として小さく硬く作ります。パニはもともと水のことを指しますが、ここではプリに入れる、香味野菜で作った液体のことをいいます。プリに穴を開けてジャガイモなどの詰め物を詰め、パニをプリの中に注げばでき上がり。口に含むとプリのパリッとした食感の後に、爽やかなパニの香りと味が口中に広がり、なんともいえないおいしさです。プリはカリッとして、十分にパニを注げるだけの空間があるように膨らませなければなりません。このプリのレシピは、よりおいしく仕上がるように、何回もアップデートした自信作です。カリカリ感が持続するよう工夫したので、ぜひ試してみてください。

● プリ

材料（18個分）

A セモリナ粉（または細挽きスージ）＊
 … 1/2カップ（約80g）
 薄力粉 … 小さじ1/4
 強力粉 … 小さじ1/4
 重曹… 小さじ1/8強
 塩 … 小さじ1/8
植物油 … 小さじ1と1/2
水 … 大さじ2
揚げ油（植物油）… 適量

＊ここで使用するセモリナ粉は、製菓材料売り場などで売られている、細挽き（二度挽き）のもの。インド食材のスージで作る場合も、細挽きのものを使う。粗挽きのスージを使う場合は、水分を吸収するまでに時間がかかるが、こね続ければ使用でき、細挽きのものより硬めのプリに仕上がる。

揚げるだけでいい
市販品もある。

● こぼれ話

プリを上手に膨らませるには、粉に水を加えてよくこねること。そしてそれを十分にねかせることです。これによりグルテンが形成され、プリが膨らむ成功率が格段に上がります。またでき上がったプリのカリカリ感を保つためには、生地の中の水分を完全に蒸発させることが大事。仕上がったプリに水分が残っていると、厚みのある底の部分から水分が蒸発するときに、その水分が膨らんだ部分に吸収され、やわらかくなってしまいます。それを防ぐためには、油の中でじっくり揚げながら、生地の水分を完全に蒸発させることです。

作り方

1 【生地を作る】ボウルに A を入れて混ぜる。

2 粉の中央にくぼみを作り、植物油を加え、指先でしごくようにしてなじませる。

3 大さじで、分量の水を慎重に少しずつ加えながらよくこねて❹、硬いくらいの生地にする。

4 生地がまとまり手につかなくなってから、10 分程度こね続ける。

5 生地をまとめ❺、ボウルにラップをして、30 分ほどおく。

6 5 の生地を再び3 分ほどこねた後、2 等分にして丸め、1 つをとり出し、もう1 つはボウルに入れたままラップをしておく。

7 【成形する】とり出した 6 の生地を、麺棒で 1 ～2 mm程度の薄さにのばし❻、直径6 cmのセルクル型で抜く❼。

8 6 個分を抜いたら、残った生地の切れ端をまとめてこねてから3 等分にして丸め、麺棒で直径6 cmの円にのばす（計9 枚になる）。

9 【揚げる】175℃に熱した油に 8 を 1 つ入れる。穴開きレードルまたはスプーンの背で、プリの縁を軽く押さえながら、油を縁にかぶらせると膨らんでくる❽。

10 完全に膨らんだら、次の 1 枚を入れて同様に膨らませる。慣れたら数枚まとめて入れ、同様の作業で膨らませてもよい。

11 膨らんだプリは、油の中で数回裏返しながら、キツネ色になるまでじっくり揚げる。両面とも十分にキツネ色になったら、油からとり出し、キッチンペーパーの上で油を切る。

12 6 で残しておいた生地も同様にして仕上げる。

13 【保存】常温に冷めたら、すぐに密閉容器に入れ、湿気のない場所で常温保存する。

＊＊＊＊＊＊＊＊＊＊＊＊＊＊＊＊＊＊＊＊＊＊＊＊＊＊
・作り方 7 では粉をつけなくてもべとつかずのばせる。べとつく場合は水が多すぎるので、セモリナ粉適量（分量外）を足して再びよくこねてから、作業を続ける。
＊＊＊＊＊＊＊＊＊＊＊＊＊＊＊＊＊＊＊＊＊＊＊＊＊＊

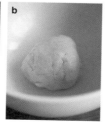

● パニ

材料（作りやすい量）

タマリンドパルプ（p.183参照）… 大さじ1強
香菜 … 15g
スペアミント … 15g
青唐辛子
　… 1/2〜1本（青唐辛子の辛さにより量は調整）
チャットマサラ（p.178参照）… 小さじ1
▲ ブラックソルト（p.182参照。あれば）
　… ひとつまみ
ローストクミンシード … 小さじ1/4
塩 … 小さじ1/2弱
甜菜糖 … ひとつまみ

作り方

1　すべての材料と水100㎖を、ミルミキサーで混ぜ合わせる。
2　1に水500㎖を加え、もう一度ミルミキサーで混ぜる。

＊＊＊＊＊＊＊＊＊＊＊＊＊＊＊＊＊＊＊＊＊＊＊＊
・冷蔵庫で最低でも2時間（できれば1日）冷やすとよい。
＊＊＊＊＊＊＊＊＊＊＊＊＊＊＊＊＊＊＊＊＊＊＊＊

● タマリンドチャツネ

材料（作りやすい量）

タマリンドペースト … 小さじ1
デーツ（大）… 5〜10個（種を除いて60g程度）
コリアンダーパウダー … 小さじ1/2
ガラムマサラ（p.178参照）… 小さじ1/8
チリパウダー … 小さじ1/4（好みにより増減）

作り方

1　デーツをかぶる程度の熱湯に浸けておく。
2　1の湯が冷めたらデーツをとり出し、種をとり除く（湯もとりおく）。
3　2のデーツの実と他のすべての材料をミルミキサーに入れ、撹拌する（必要であれば、2でとりおいた湯を適量少しずつ加える）。スプーンから、ゆっくりとなめらかに落ちるようになればよい。

＊＊＊＊＊＊＊＊＊＊＊＊＊＊＊＊＊＊＊＊＊＊＊＊
・更に本格的にするなら、ジンジャーパウダー小さじ1/4、ブラックソルト（p.182参照）ひとつまみ、ジャガリー（p.183参照）小さじ1/4を加えるとよい。
＊＊＊＊＊＊＊＊＊＊＊＊＊＊＊＊＊＊＊＊＊＊＊＊

● 詰め物

材料（作りやすい量）

ジャガイモ（ゆでて皮をむき、5㎜角切り）
　… 中1/2個分
ヒヨコ豆（やわらかくゆでたもの）… 1/4カップ
発芽ムング豆（ⓐ下記参照）＊… 1/4カップ
赤玉ネギ（みじん切り）… 1/4カップ
▲ セブ（あれば。p.71参照）… 1/4カップ

＊発芽ムング豆は、数日前から準備しておく。

発芽ムング豆

作り方

1　適量のムング豆（緑豆。皮付き）を洗ってから、8時間ほど水に浸ける。
2　密閉できる保存容器に、水をたっぷり含ませたキッチンペーパーを4枚重ねて敷く。
3　1のムング豆の水気を切り、すぐに2の上にのせ、水でぬらしたキッチンペーパーを2枚重ねてそっとかぶせる。
4　蓋をして、蒸し暑い場所において発芽させる（季節や気候にもよるが、2〜3日ほどで発芽する）。発芽したらザルに入れて流水で洗い、水を切って冷蔵庫で保存する。生で食べる場合は3〜4日ほどで使いきる。

＊＊＊＊＊＊＊＊＊＊＊＊＊＊＊＊＊＊＊＊＊＊＊＊
・余った発芽ムング豆は、サラダやスープに加えるとよい。
＊＊＊＊＊＊＊＊＊＊＊＊＊＊＊＊＊＊＊＊＊＊＊＊

パニプリの盛り付け方

❶プリを皿に盛り、パニはボウルに入れてスプーンを添える。
❷詰め物は、それぞれ別の容器に入れて添える。

パニプリの食べ方

❶プリを1つとり、膨らんだ部分の中央に穴を開け、詰め物を好みの量詰める。
❷①の上にタマリンドチャツネ（左記参照）をたらし、パニを中に注いだら、すぐに口の中に入れてかみ砕く。

グジャラティ カティ ミティ ダル

カター ムングダル

グジャラティ カティ ミティ ダル（甘くて酸っぱい グジャラティダル）

マラティ料理ではバラン バアトといって、台形に盛ったご飯に淡白な味のダルをかける料理が有名ですが、このカティ ミティ ダルは、別名グジャラティダルと呼ばれるほどグジャラティの人々の生活になじんだ味です。カティは酸味、ミティは甘みという意味で、酸味と甘みを同時に楽しめることが特徴です。これも例によって、それぞれの地域や家庭により、それぞれの味があります。このダルの味の要ともいえる酸味には、一般的にコクムやタマリンドなどが使われますが、グリーンマンゴーの種を使うこともあります。それぞれに違った酸味が楽しめますので、ぜひいろいろ試してみてください。

材料（作りやすい量）

ツールダル … 1/2カップ
ターメリックパウダー … 小さじ1/2
植物油（またはギー）… 大さじ1
A　乾燥赤唐辛子 … 1本
　　フェヌグリークシード … 小さじ1/8強
　　カシアバーク… 1cm角×3個
　　クローブ … 3個
マスタードシード … 小さじ1/2
B　ヒング … 小さじ1/8強
　　クミンシード … 小さじ1/2
　　▲カレーリーフ（あれば）… 1枝分
　　▲ピーナッツ（生。あれば）… 大さじ1強
生姜（麺棒でたたきつぶす）… 1カケ（10g）
　　（またはすりおろし生姜 … 小さじ1/4）
青唐辛子（切り込みを入れる）… 1本
トマト（粗みじん切り）… 小2個分
C　チリパウダー … 小さじ1/2
　　塩 … 小さじ1/2〜好みの量
　　甜菜糖 … 小さじ1/2（または
　　　ジャガリー〈p.183参照〉… 小さじ1/4）
　　マンゴーパウダー … 小さじ1/4強
　　（または青いマンゴーの種 … 1個分）
レモン果汁 … 小さじ2
香菜（みじん切り）… 大さじ1〜3（山盛り）

作り方

1 【豆を煮る】ツールダルは水で軽く洗った後、水700mlに10分ほど浸けておく。
2 厚手の鍋に1の豆を水ごと入れ、ターメリックを加えて弱めの中火で加熱する。
3 沸騰したら蓋をし、弱火で豆がやわらかく崩れるくらいまで煮る。
4 火を止めて、ハンドブレンダー（またはマッシャー）でつぶしながらリキッド状にしておく（必要であれば水を少し加えて濃度を調整してもよい）。
5 【ダルを作る】フライパンに植物油とAを入れ、弱めの中火で加熱する。赤唐辛子が膨らんできたら、マスタードシードを加える。
6 マスタードシードが弾けはじめたら、Bを加える。
7 クミンシードのまわりが泡立ってきたら生姜、青唐辛子を加え、しんなりしたら、トマトを加える。ときどき混ぜながら、トマトが崩れはじめるくらいまで火を通す。
8 4の鍋に、Cと7のフライパンの中身をすべて加え、蓋をして弱火で2分ほど加熱する。
9 レモン果汁と香菜を加え、蓋をして2分ほど加熱する。

カター ムングダル
（ムング豆と
ヨーグルトのダル）

ヨーグルトをたっぷり使って作るダルです。とはいっても仕上がりはヨーグルトの味が強く出ているわけではなく、とてもバランスのよいおいしいダルです。ヨーグルトはグジャラティの家庭では欠かせない食材で、ダヒと呼びます。家庭ごとに代々引き継がれた菌によるヨーグルトが作られていて、これをいろいろな形で料理に使います。ムング豆は皮付きのホール、皮付き割り、皮なしといろいろな種類が売られていますが、このカタームングダルは皮がついたままのホールのムング豆がいちばんおいしく作れます。もし手元になければ、皮付き割りを使っていただいてもけっこうです。

材料（作りやすい量）

ムング豆（緑豆。皮付き）… 1カップ
ターメリックパウダー … 小さじ1/4
ヨーグルト … 1カップ
植物油 … 大さじ2

A　乾燥赤唐辛子（ヘタを除き横半分にちぎる）
　　　… 2本分
　　フェヌグリークシード … 小さじ1/8

B　マスタードシード … 小さじ1/2
　　クミンシード … 小さじ1/2
　　ヒング … 小さじ1/4
　　カレーリーフ … 1枝分
　　青唐辛子（ヘタを除きみじん切り）
　　　… 2〜3本分

C　ダナジラ（p.178参照。または
　　　コリアンダーパウダー）… 小さじ1
　　チリパウダー … 小さじ1/2

香菜（みじん切り）… 大さじ2
塩 … 小さじ1/2〜好みの量

準備（ムング豆）

1　ムング豆は水で軽く洗い、700mℓの水に2時間から一晩浸けておく。

作り方

2　【豆を煮る】厚手の鍋に1の豆を水ごと入れ、ターメリックを加え、弱めの中火にかける。沸騰したら蓋をして、弱火にして加熱する。

3　豆が指で簡単につぶせるくらいにやわらかくなったら、火を止めてそのままおいておく。

4　【ダルを作る】ヨーグルトは溶いてから、水400mℓを加えて混ぜておく。

5　厚手の鍋に植物油とAを入れ、弱めの中火で加熱する。

6　赤唐辛子が膨らんできたら、Bを順に加える。

7　マスタードシードの弾ける音がおさまってきたら、Cを加えて混ぜる（焦げ付きそうな場合にはいったん火を止めてもよい）。

8　スパイスの香りが立ってきたら、3のムング豆を煮汁ごと加え、ハンドブレンダーで攪拌するかマッシャーでつぶす（豆の粒の残し加減は好みでよい）。

9　弱火にして4を加えて混ぜ@、香菜と塩を加え、蓋をして、ときどき混ぜながら10分ほど加熱する。

＊2で豆を煮るときは圧力鍋も使えるが、豆の色が茶色くなる。

スパイシー ムングダル

チャウリ ノ シャァク

セブ タマター ヌ シャァク

スパイシー ムング ダル（ムング豆のスパイシーダル）

ムング豆（緑豆）を使ったダルもいろいろありますが、これはわが家の定番ダルのひとつで、頻繁に食卓に登場するものです。グジャラティ料理ではムング豆を本当によく使いますが、それはこの豆には滋養があると信じられているからです。ここでご紹介するダルには、カター ムングダル（p.65）同様皮付きのホールの豆を使います。一般的にダルは普通の鍋でも圧力鍋でも作れますが、このホールのムング豆に関しては、圧力鍋で作ると茶色く仕上がります。きれいな緑色を残しておきたい場合は、厚手の鍋でじっくり作るほうがよいでしょう。

材料（作りやすい量）

ムング豆（緑豆。皮付き）… 1カップ
ターメリックパウダー … 小さじ1/4

A | 植物油 … 大さじ1
　 | カシアバーク … 2cm角×2個
　 | クローブ … 3個

クミンシード … 小さじ1/4（山盛り）
カレーリーフ … 5〜6枚

B | ニンニク（すりおろし）… 大1粒分
　 | 生姜（すりおろし）… ニンニクの1.5倍量
　 | 青唐辛子（切り込みを入れる）… 1本

C | ターメリックパウダー … 小さじ1/2
　 | ダナジラ（p.178参照。または
　 | 　コリアンダーパウダー）… 小さじ1と1/2
　 | チリパウダー … 小さじ1/2
　 | 香菜（みじん切り）… 大さじ3
　 | トマトペースト … 大さじ1
　 | 塩 … 小さじ1〜好みの量

準備（ムング豆）

1　ムング豆は水で軽く洗い、700mlの水に2時間から一晩浸けておく。

作り方

2　【豆を煮る】厚手の鍋に1の豆を水ごと入れ、ターメリックを加え、弱めの中火にかける。沸騰したら蓋をして、弱火にして加熱する。

3　豆が十分にやわらかくなったら火を止め、そのままおいておく。

4　【ダルを作る】別の厚手の鍋にAを入れて弱めの中火で温め、クミンシードを加える。

5　クミンシードのまわりに泡が立ってきたら、すぐにカレーリーフを加える。

6　カレーリーフがカサカサしはじめたら、Bを加えてよく混ぜながら加熱する。

7　ニンニクの香りが立ってきたら3の豆を煮汁ごと加え、Cも加えて混ぜ、蓋をして弱火で20分程度、豆が崩れるほどやわらかくなるまで煮る（煮汁が少なくなったら途中水を加えてもよい）。

8　火を止め、なめらかになるまでハンドブレンダーで撹拌するか、マッシャーでつぶす。

チャウリ ノ シャァク（ロビア豆とヨーグルトのカレー）

ロビア豆をヨーグルトのソースでからめただけなのですが、とてもおいしく、バスマティライスともよく合います。やさしい味なので簡単な朝食にしてもいいでしょう。このロビア豆はインド各地で使われ、グジャラティの家庭でもよく使います。簡単に煮上がるので、常備しておくととても便利ですよ。ただしロビア豆は質の良いものと悪いものとでは味がまったく違うので、ハリのあるツヤツヤした良質のものを選んでください。通常は袋に入っているのでわかりにくいのですが、小さくてシワが寄ったような豆なら、買うのはまた次回にしたほうがよいと思います。

セブ タマター ヌ シャアク（セブとトマトのカレー）

トマトで作ったソースにセブ（下記参照）をたっぷりかけて食べるちょっと変わった料理です。初めは少し驚くと思いますが、トマトの酸味にセブの食感と味が加わり、意外にもおいしいので、ぜひお試しください。セブは自分で作ったほうがヘルシーですが、市販のものでもかまいません。インドではあまり味のついていないセブを使うのですが、日本ではなかなか手に入らないので、スナックとして売られている袋に入った味付けのものを使います。これは私のやり方ですが、食べる直前にセブをかけたほうがおいしいと思いますよ。たとえが悪いかもしれませんが、「たぬきうどん」と同じで、時間が経つと水分を吸ってベチャベチャになってしまいます。

材料（2〜3人分）

ジャガイモ（皮をむき一口大に切る）… 中3個分
トマト（みじん切り）… 中1個分
植物油 … 大さじ2
A｜乾燥赤唐辛子 … 1本
　｜カシアバーク … 1cm角
　｜クローブ … 1個
マスタードシード … 小さじ1/2
クミンシード … 小さじ1/4
洗いゴマ（白）… 小さじ1
B｜ターメリックパウダー … 小さじ1/2
　｜チリパウダー … 小さじ1/2強
　｜ダナジラ（p.178参照。または
　｜　コリアンダーパウダー）… 小さじ1強
　｜塩 … 小さじ1〜好みの量
　｜香菜（みじん切り）… 大さじ1
　｜トマトペースト … 小さじ1
　｜塩 … 小さじ1〜好みの量
レモン果汁 … 小さじ1
甜菜糖 … 小さじ1/4弱
セブ（右記参照）… 2カップ程度

作り方

1　厚手の鍋に植物油とAを入れ、弱めの中火で加熱する。
2　赤唐辛子が膨らんできたら、マスタードシードを入れる。マスタードシードが弾けはじめたらクミンシード、洗いゴマを加える。
3　マスタードシードの弾ける音がおさまったら、ジャガイモを加え、蓋をしてときどき混ぜながら加熱する。
4　ジャガイモが透き通ってきたらトマトを加え、蓋をして加熱する。
5　トマトが崩れはじめたらBと水300mlを加え、蓋をして強めの弱火でジャガイモがやわらかくなるまで加熱する。
6　レモン果汁、甜菜糖を加えて混ぜ、蓋をして1分ほど加熱する。
7　器に盛り、セブをたっぷりかける。

＊セブ：セブは、ベサン粉の生地を細長く押し出して揚げたもので、いろいろな太さのものがあり、また加える材料もさまざま。本書では、この料理に使った一般的な太さのものと、ナイロンセブと呼ばれる極細のもの（p.121参照）を使用している。どちらもインド食材店で購入できるが、家庭で作る場合は、ベサン粉を水で溶いて作った生地を、ムルックという器具に入れて細く押し出し揚げて作る。

材料（作りやすい量）

ロビア豆 … 1カップ
ヨーグルト … 1/2カップ
植物油 … 大さじ2
クミンシード … 小さじ1
ヒング … 小さじ1/4
青唐辛子（縦に切り込みを入れる）… 2本
生姜（みじん切り）… 小さじ1
カレーリーフ … 1枝分
A｜チリパウダー … 小さじ1
　｜ダナジラ（p.178参照。または
　｜　コリアンダーパウダー＊）… 小さじ2
　｜ターメリックパウダー … 小さじ1/4
塩 … 小さじ1/2強〜好みの量
ローストクミンシード … 小さじ1/2
香菜（みじん切り）… 大さじ2

＊ダナジラの代わりにコリアンダーパウダーを使う場合は、作り方4でクローブ1個とカシアバーク1cm角を加えるとよい。

準備（ロビア豆）

1　ロビア豆はボウルに入れて、流水をかけて洗い水を切ることを4回ほどくり返した後、800mlの水に6〜8時間ほど浸けておく。

作り方

2　【豆を煮る】厚手の鍋に1の豆を水ごと入れ、弱めの中火にかける。沸騰したら火を弱めて蓋をして加熱し、豆の形はしっかり残ってはいるが、指先でつぶせる程度まで煮たら、火を止める（圧力鍋を使う場合は、煮すぎて崩れないよう気をつける）。
3　【チャウリ ノ シャアクを作る】ヨーグルトは溶いてから、水1カップを加えて混ぜておく。
4　厚手の鍋に植物油を入れて弱めの中火で温め、クミンシードとヒングを入れる。クミンシードのまわりに泡が立ってきたら青唐辛子、生姜、カレーリーフを入れて、弱めの中火で温める。
5　カレーリーフがカサカサしはじめたら、Aを加える。
6　水を切った2の豆を入れ、混ぜながら加熱する。
7　3のヨーグルト水、塩、ローストクミンシードを加えて混ぜる。
8　沸騰してきたら火を弱め、蓋をして10分ほど加熱する。
9　香菜を加え、香菜がしんなりするまで加熱する。

【 カディ、その他 】

グジャラティ カディ

ダルドクリ

どこで生まれた料理なのか、誰が作ったのかまったく不明ですが、多分どこかのお母さんが前
日に残ったチャパティの有効利用として作ったのでしょう。ちょっと珍しいチャパティとカデ
ィを合わせて作る軽食です。何回か食べると病みつきになるこの不思議な味とやさしい食感は、
体だけでなく気持ちまでほぐしてくれます。

バガレリロトリ → p.186

グジャラティ カディ
（ヨーグルトスープ）

カディは、ヨーグルトを水でのばしたものにベサン粉（ヒヨコ豆の粉）を加え、じっくりと煮詰めて作ります。これは北インドから西インドにかけての地域で継承されてきた、家庭料理のひとつです。もちろん北インドと西インドでは使うスパイスが違い、同じ西インドでも、それぞれの地域によって加えるスパイスやテンパリングの違いがあるのも楽しいところです。また、実はカディと一言でいっても、粉で作った生地が入ったタイプや、ご飯にカディがかけられたチャワルカディなど、さまざまなバリエーションがあります。カディを上手に作るコツは、じっくりと弱火で加熱することです。急いで強めの火で作ろうとすると、ヨーグルトが塊になってしまい、独特のなめらかな舌触りに仕上がりません。

材料（作りやすい量）

ヨーグルト＊ … 250㎖
A｜ ベサン粉 … 小さじ2
　｜ コリアンダーパウダー … 小さじ1/2
　｜ ターメリックパウダー … 小さじ1/8
植物油 … 大さじ1
生姜（みじん切り） … 大さじ1
青唐辛子（ヘタと種を除きみじん切り） … 2〜3本分
　（青唐辛子の辛さにより量は調整）
B｜ 塩 … 小さじ1
　｜ 砂糖 … 小さじ1（ヨーグルトの酸味による）
　｜ 香菜（みじん切り） … 大さじ1
【テンパリング】
植物油 … 大さじ1
C｜ 乾燥赤唐辛子 … 1本
　｜ カシアバーク … 2㎝角
　｜ クローブ … 1個
　｜ フェヌグリークシード … 小さじ1/8
マスタードシード … 小さじ1/2
D｜ ヒング … 小さじ1/4
　｜ クミンシード … 小さじ1/2
　｜ カレーリーフ … 1枝分

＊ヨーグルトはかならず、原材料が成分無調整の生乳100%のものを使用する。

作り方

1　ヨーグルトをボウルに入れて溶き、Aを加えて混ぜてから、水300㎖を加え、ダマがなくなるまで混ぜておく。
2　厚手の鍋に植物油大さじ1を入れて中火で温め、生姜を入れる。
3　生姜の香りが立ってきたら青唐辛子を加える。
4　火を弱めて1を加え、ときどき混ぜながらじっくりと弱火で加熱する。
5　沸騰しはじめたら、Bを加えて混ぜながら加熱し、味を調える。
6　【テンパリング】小鍋（またはタルカパン）に植物油大さじ1とCを入れて弱めの中火で温める。赤唐辛子が膨らんできたら、マスタードシードを加え、弾けはじめたらDを加える。
7　弾ける音がおさまったら、5の鍋に入れて混ぜ、そのまま蓋をして弱火で1〜2分加熱する。

ダルドクリ
（インドの平打ちパスタ入りダル）

平たくのばした生地で作るドクリを、ダルに加えて作ります。グジャラティの料理は甘くて酸っぱいといわれますが、このダルドクリもそのひとつ。やわらかな酸味と甘みが感じられる、体ばかりか心も温めてくれるおふくろの味です。ドクリの形は各家庭さまざまで、平たくのばした生地を好みの形に切ったり、小さく丸めたりする方もいるようです。酸味や甘さ加減も家庭ごとにずいぶん違います。私のダルドクリは酸味も甘みも控えめです。

材料（作りやすい量）

【ダル】
ツールダル（またはマスールダル）… 3/4カップ
ターメリックパウダー … 小さじ1/4

A｜
青唐辛子（ヘタを除く）… 1〜3本
　（青唐辛子の辛さにより量は調整）
生姜（皮をむく）… 1カケ（約20g）
ニンニク … 大1粒
水 … 大さじ1

植物油 … 大さじ1

B｜
乾燥赤唐辛子 … 2本
クローブ … 1個
フェヌグリークシード … 小さじ1/8

マスタードシード … 小さじ1/2

C｜
クミンシード … 小さじ1/2
カレーリーフ … 1枝分
ピーナッツ（生）… 大さじ1と1/2
ヒング … 小さじ1/8

D｜
チリパウダー … 小さじ1/2
コリアンダーパウダー … 小さじ1
香菜（みじん切り）… 大さじ3
塩 … 小さじ1/2強〜好みの量
水 … 400㎖

レモン果汁 … 大さじ1と1/2
ジャガリー（p.183参照。または甜菜糖）
　… 小さじ1/4〜好みの量

【ドクリ生地】

E｜
アタ（チャパティ粉）… 1カップ
塩 … 小さじ1/2強
チリパウダー … 小さじ1
コリアンダーパウダー … 小さじ1
▲アジョワンシード（あれば）… 小さじ1/2

植物油 … 大さじ1

準備（ツールダル）

1　ツールダルは軽く水で洗った後、ボウルに入れて水600㎖を加え、1時間ほど浸けておく。

準備（A／香味ペースト）

2　ミルミキサーにAをすべて入れ、ペーストにする。

作り方

3　**【豆を煮る】**厚手の鍋に1の豆を水ごと入れ、ターメリックを加え、弱めの中火にかける。沸騰したら蓋をして弱火にし、加熱する（途中必要なら水を加えてもよい）。指で簡単につぶせるくらいにやわらかくなったら、火を止めてそのままおいておく。

4　**【ドクリを作る】**ボウルにEを入れてよく混ぜる。中央にくぼみを作り、植物油大さじ1を加えて指先で粉に油をなじませる。

5　水60〜80㎖を少しずつ加えながらこねて、硬めの生地にする。

6　5の生地を3等分にして丸め、ラップをかけて30分ほどおく。

7　6の生地をすべて麺棒で厚めのチャパティ程度にのばし、ひし形に切っておく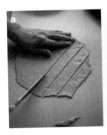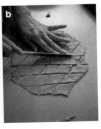。

8　**【ダルを作る】**厚手の鍋に植物油大さじ1とBのホールスパイスを入れ、弱めの中火で温める。

9　赤唐辛子が膨らんできたら、マスタードシードを加え、弾けはじめたらCを加える。

10　マスタードシードの音がおさまったら火を止め、3の豆を煮汁ごと加え、ハンドブレンダーで撹拌するか、マッシャーでつぶす。

11　Dを加え、弱めの中火で加熱する。

12　**【ドクリを加える】**沸騰したらレモン果汁、ジャガリーを加えて混ぜ、7のドクリを1枚ずつ入れ、ときどき底を返して混ぜながら20分ほど加熱する（途中水分が少なくなったら、水を足してもよい）。

【 野菜料理、付け合わせ 】

パテタ ヌ シァァク

ガジャー カ アチャール

ビンダ ヌ シャァク

キュウリのライトゥ

バテタ ヌ シャアク（ジャガイモのスパイス蒸し煮）

私がグジャラティ料理を習いはじめたころ、白い洗いゴマを使うのを見て、なぜか安心したような親しみを覚えました。インドのゴマは日本のものより平べったく、大きさも小さいような気がします。インド料理では基本的に生の白ゴマを使うので、私は日本では日本の洗いゴマを使っています。インド食材店でゴマはティルという名称で販売されていることがありますが、かならずしもインド製とはかぎりません。ジャガイモとこの白ゴマを組み合わせたインド料理はとてもおいしいですよ。バテタまたはバタタという、ジャガイモのかわいい呼び方とともに楽しんでください。

材料（作りやすい量）

ジャガイモ … 中3個
植物油 … 大さじ2
マスタードシード … 小さじ1
カレーリーフ … 1/2枝分
クミンシード … 小さじ1/4
洗いゴマ（白）… 小さじ2
A　青唐辛子（ヘタを除きぶつ切り）… 2本分
　　生姜（皮をむき厚めのスライス）
　　　… 2cm角分ほど
B　コリアンダーパウダー（またはダナジラ。
　　　p.178参照）… 小さじ1と1/2
　　ターメリックパウダー … 小さじ1/4
　　チリパウダー … 小さじ1/2
　　塩 … 小さじ1〜適量
C　香菜（粗みじん切り）… 大さじ1（山盛り）
　　レモン果汁 … 小さじ2
　　甜菜糖 … 小さじ1/4〜1/2
　　　（レモンの酸味とバランスをとる）

作り方

1　ジャガイモは皮をむいて1.5cm角（他の好みの形でもよい）に切り、少し硬めに下ゆでしておく。
2　Aは合わせ、大さじ2の水を加えてミルミキサーでペーストにしておく。
3　厚手の鍋に植物油を入れて弱めの中火で温め、マスタードシードを入れる。
4　マスタードシードが弾けはじめたら、カレーリーフ、クミンシード、洗いゴマを入れる。
5　弾ける音がおさまったら、2のペーストを加えてひと混ぜし、1のジャガイモを加え、混ぜながら30秒ほど加熱し、蓋をして強めの弱火で加熱する（必要であれば水50ml程度を加えてもよい）。
6　ジャガイモが透き通ってきたら、Bも加えて混ぜ、すぐに蓋をして弱火でじっくり加熱する。
7　ジャガイモがやわらかくなったら、Cを順に加えて混ぜ、蓋をして30秒ほど加熱する。

ガジャー カ アチャール（ニンジンのピクルス）

キャロットラペのような外見ですが、ニンジンを使った正統派のグジャラティピクルスです。割ったイエローマスタードシードを使って作ることが特徴です。家庭により、ニンジンの切り方が太かったり、青唐辛子の分量が多かったりとさまざまで、たくさんの青唐辛子を丸ごと入れることもあるのですよ。このピクルスは発酵させずに、作ったらすぐに召し上がれますが、数日経つと風味が落ち着いて酸味も出はじめ、更においしくなります。バスマティライスのおともに最高で、ご飯を食べすぎてしまうくらいです。

材料（作りやすい量）

ニンジン … 200g
青唐辛子 … 3本
A　イエローマスタードシード（割り）＊… 小さじ2
　　ヒング … 小さじ1/8
　　ターメリックパウダー … 小さじ1/4
　　塩 … 小さじ1
　　レモン果汁 … 大さじ1

＊割ったマスタードシードがなければ、ホールのものをミルミキサーで割るか石臼でつぶす。またはジップロックなどに入れて布巾をかぶせ、金づちでたたいてもよい。

作り方

1　ニンジンはヘタと皮を除き、長さ5cmほどの細い千切りにする。青唐辛子もヘタと種を除き、千切りにする。
2　ボウルに1とAを入れて手で混ぜる（好みでひとつまみの甜菜糖を加えてもよい）。

＊＊＊＊＊＊＊＊＊＊＊＊＊＊＊＊＊＊＊＊＊＊＊＊＊＊＊
・加熱殺菌した保存びんに入れて、冷蔵庫で1週間ほど保存できる。
＊＊＊＊＊＊＊＊＊＊＊＊＊＊＊＊＊＊＊＊＊＊＊＊＊＊＊

ビンダ ヌ シャアク（オクラとマスタードシードの蒸し煮）

オクラがどこからきたのかということについては、まだ確実なことはわかっていませんが、オクラの粘りがインド料理にとって大敵であることは、間違いありません。そこでオクラを使うときには、ヒヨコ豆の粉をかけてオクラ自体の水分を吸収させたり、洗った後に陽にあてて水分を蒸発させるなど、粘りを出さない工夫が必要です。この料理も粘りが出てしまうと、スパイスがそのベタベタした粘りにからみついてしまい、肝心なオクラにうまくからみません。解決策は、洗ったらその水分を完全にキッチンペーパーでふきとること。更に小口切りにした後に平たい皿に並べて少し乾燥させれば、よりおいしく仕上がり、作業が楽にできるので調理時間も短縮できます。

材料（2〜3人分）

オクラ … 約20本
植物油 … 大さじ2
フェヌグリークシード … 小さじ1/8
マスタードシード … 小さじ1/2
A｜ ダナジラ（p.178参照。または
　　　コリアンダーパウダー） … 小さじ1と1/2
　　ターメリックパウダー … 小さじ1/2
　　チリパウダー … 小さじ1
　　塩 … 小さじ1/2〜好みの量

作り方

1. オクラはよく洗い、水気をしっかりふきとっておく。
2. ヘタの細くなった先端だけを除き、ヘタの部分から1.5cm幅の小口切りにする。
3. 厚手のフライパンに植物油とフェヌグリークシードを入れ、弱めの中火で加熱する。
4. 油が温まったらマスタードシードを加え、弱めの中火で加熱する。
5. マスタードシードが弾けはじめたら、火を弱める。
6. 弾ける音がおさまったら2のオクラを加え、底からすくい上げるようにしてそっと油をからませ、ときどき混ぜながら弱火で加熱する（蓋はしない）。
7. オクラがやわらかくなりはじめたら、Aを加えて同様にオクラにからませ、ときどき混ぜながら、オクラがやわらかくなるまで弱火で加熱する。

キュウリのライトゥ（キュウリのヨーグルト和え）

キュウリのライトゥは、簡単なようで、おいしく作るのが実はなかなか難しいのです。それは、キュウリの水分とヨーグルトの水分のバランスをとる必要があるためです。キュウリの水分量が多い場合は、ヨーグルトは少し水切りをするとおいしく仕上がります。そして作りおきはしないこと。作りおきするとキュウリから水分が出て、ベチャベチャになってしまいます。私はあらかじめ材料を切ったりはかったりしておき、食べる直前に混ぜ合わせるようにしています。

材料（作りやすい量）

キュウリ（大） … 1本
ヨーグルト … 1カップ
A｜ 青唐辛子（みじん切り） … 1本分
　　生姜（みじん切り） … 小さじ2
　　香菜（みじん切り） … 大さじ1
　　チリパウダー … 小さじ1/8
　　ローストクミンシード
　　　… 小さじ1/4（指先でしごいておく）
　　ヒング … 小さじ1/8
　　▲ チャットマサラ（p.178参照。あれば）
　　　… 小さじ1/4
　　塩 … 小さじ1/4

作り方

1. キュウリはチーズグレーターで細長くおろし、ボウルに入れ、塩をひとつまみ（分量外）加えて混ぜ、5分ほどおいておく。
2. キッチンペーパーで1のキュウリを包み、水分を絞る。
3. ヨーグルトをボウルに入れ、Aを加えて混ぜる。
4. 3に2のキュウリを入れて混ぜる。
5. 器に盛り付け、薄切りのキュウリを飾り、香菜、チャットマサラ、チリパウダー（すべて分量外）を散らす。

ロトリ
（チャパティ）

インドの薄いパンはロティまたはチャパティと呼ばれますが、グジャラティではロトリと呼ぶこともあります。その家や店により、こんなにも違うのかと思うほどいろいろな食感がありますが、毎日の食卓に欠かせないこのパンは、発酵も難しい手順もないので、慣れれば簡単に仕上がります。私が作るときのコツはあまり長い時間をかけずに焼き上げること。時間をかけすぎると、生地の中の水分が蒸発して乾燥した仕上がりになってしまいます。簡単に丸められる状態が正解の仕上がりです。万が一硬くなってしまったら、ギーを少し多めにぬり、その上に焼いたロトリを重ねていくといいでしょう。お互いの湯気が移り、少しやわらかくなります。

材料（2〜3人分）
アタ（チャパティ粉）… 1と1/2カップ
塩 … 小さじ1/2
植物油 … 大さじ1
ぬるま湯 … 60〜80㎖（湿度により調整）
薄力粉 … 適量
ギー（または溶かし無塩バター）… 適量

道具
・チャクラ：チャパティなどのパンの生地をのばすための台。まな板やシルパットでも代用できる。
・ベラン（ベルナ）：チャパティなどのパンの生地をのばすための麺棒。形はさまざま。普通の麺棒で代用できる。
・タワ（チャパティ用）：チャパティなどを焼く、取っ手のついた縁のないフライパンのような道具。火傷をしないように気をつければ普通のフライパンでも代用できる。ただし、焼くときにかなり熱くなるため、できればテフロン加工でないものがよい。

● こぼれ話
10の作業を「プルカする」といい、プルカしたチャパティのこともプルカと呼ぶことがあります。プルカをすると香ばしさが増しておいしく仕上がりますが、焦げ目ができるので、健康上のことを考えて、わが家ではたまに楽しむ程度にしています。慣れてくれば、タワやフライパンの上でも焦げ控えめで十分に膨らませることができます。

作り方
1　【生地を作る】ボウルにアタと塩を入れて混ぜる。
2　粉の中央にくぼみを作り、植物油を加え、指先でしごくようにしてなじませる@。
3　左手でぬるま湯を少量ずつ加え、右手で混ぜながらこねる@。
4　生地がまとまってきてもそのままこね続け@、手につかなくしっとりとした手触りになったら、ラップをして10分ほどおく@。
5　4の生地をもう一度こねてから、手のひらに少量の植物油（分量外）をつけて6等分にして丸め、ボウルに戻し、ラップをして5分ほどおく@。
6　【成形する】5から生地を1つとり出し、もう一度こねてから丸め、両手のひらでつぶし、薄力粉を両面につける@。
7　台（あればチャクラ）の上と麺棒（あればベラン）にも薄力粉をつけ、麺棒を使って台の上で**6**を直径15㎝の円にのばす@@。
8　【焼く】あらかじめ、タワを弱めの中火で十分に熱しておき、指先で散らした水が一瞬で蒸発する状態になったら**7**をのせて焼く（火の通りが悪い部分は、丸めたキッチンペーパーでおさえて火の通りを助ける@）。
9　表面に小さな膨らみが出はじめたら裏を見て、茶色いはん点ができてきたら、裏返して同様に焼く@。
10　チャパティ用のくぼみのない平らなトングで挟み、中火にした直火にのせる@。中の空気が膨張して膨らみはじめたら、焦げないようにときどき動かしながら、丸く膨らませる。
11　皿にとり出し、好みでギーを表面にぬる。残りの生地も同様にのばしながら焼き、上に重ねてはギーをぬる作業をくり返す。

GUJARAT

バクリ
（インドの
セイボリービスケット）

バクリはおもに西インドを中心に、雑穀粉、米粉、小麦粉などで作られる発酵のいらないパンです。ロティなどのように料理と一緒に食べることもありますが、朝食やスナックとしてチャッツネやチャイとともに供されることもあります。作られる場所や種類により、大きさもやわらかさもまちまちですが、ここでご紹介するバクリはどちらかというと小さめで、外側がカリッとして内側は少しやわらかいものです。一般的にはクミンシードを加えて作ることが多いのですが、私はこのように粗挽きの黒コショウを加えて作ることもあります。食べやすい大きさに割りながらチャイと一緒に召し上がると、ギーの香りがしてとてもおいしいですよ。

材料（6枚分）

A｜アタ（チャパティ粉）… 1カップ（約110g）
　｜塩 … 小さじ1/2強
　｜黒コショウ（粗挽き）… 小さじ1〜大さじ1
植物油 … 大さじ1＋大さじ1
ギー … 大さじ2＋適量
水（または牛乳）… 50ml

作り方

1 【生地を作る】ボウルにAを入れて、よく混ぜる。
2 中央に少しくぼみを作り、植物油大さじ1を入れ、指先でしごくようにして混ぜ合わせ、ギー大さじ2も加え同様に混ぜ合わせる。
3 分量の水を少しずつ加えながら生地を練っていく。やっとこねられるほどの硬さにこね上げたら（チャパティの生地よりかなり硬め）、まとめる。ボウルにラップをして5分ほどおいておく。
4 3の生地のまわりに大さじ1の植物油をたらし、もう一度こねる。
5 4の生地を6等分にし、手のひらに少量の植物油（分量外）をつけて丸め、ボウルに戻し、ラップをかけておく。
6 【成形する】5の生地を1つとり出し、チャクラ（p.81 参照）の上で直径10cmの厚めのディスクにのばし、ベラン（p.81 参照）の先端で印鑑を押すようにして、片側の表面全体にくぼみをつける（バクリが膨らまないようにするため）。
7 【焼く】弱めの中火で十分に温めたタワ（p.81 参照）にギーを適量ぬり、6のくぼみをつけた側を上にしてのせ、中火で30秒ほど焼く。
8 表面にギーを適量ぬってから裏返し、新たに上になった面にもギーをぬり、丸めたキッチンペーパーで軽く押さえるようにして、バクリをまわしながら焼いていく。
9 下の面がキツネ色になったら、もう一度裏返し、8と同様に焼く。
10 焼き上がったら網の上にのせ、ギーを薄くのばす（ギーがバクリに染み込み、常温に冷めたら重ねてもよい）。

マバニ家のマサラチャイ（ホールスパイスを使って）

材料（作りやすい量）

A｜グリーンカルダモン … 6個
　｜クローブ … 8個
　｜シナモン … 1本（10cm程度）
　｜黒粒コショウ … 5粒
　｜生姜 … 5g
紅茶葉（アッサム）… 小さじ2
グラニュー糖 … 大さじ2
牛乳（乳脂肪分3.7%以上）… 200ml

＊あればレモングラス2cmほどをたたいてから（またはレモングラスの葉2〜3本を折りまげてから）、2で1とともに加えてもおいしい。

準備

1 Aのスパイスと生姜は、麺棒の先でたたきつぶしておく。

作り方

2 鍋に水500mlと1を入れ、中火で加熱する。
3 鍋の中の水分量が半分ほどになったら（沸騰してから約5分）、火を止めて紅茶葉を入れ、蓋をして2分待つ。
4 3にグラニュー糖と牛乳を加えて再び中火にかける。沸騰して鍋からあふれる寸前に火を弱める。これを2回くり返す。
5 茶漉しで漉して、カップに注ぐ。

＊＊＊＊＊＊＊＊＊＊＊＊＊＊＊＊＊＊＊＊＊＊＊＊＊＊＊＊＊
・カップに注いだ後カルダモンパウダーをひとつまみ加えると、カルダモンの華やかな香りがチャイをよりおいしく引き立てる。
＊＊＊＊＊＊＊＊＊＊＊＊＊＊＊＊＊＊＊＊＊＊＊＊＊＊＊＊＊

【 米料理 】

マターバァト
（グリンピース入り
ピラフ）

グリンピースの入ったさっぱり味の米料理です。どこの家庭でも作られ、カディや野菜料理と一緒に食べられています。おいしさの要は青唐辛子のピリッと感とクミンシードの香りです。青唐辛子が辛くないときは、クミンシードを入れる前に乾燥赤唐辛子を入れて辛みを弱火で油に溶かし出すか、ターメリックと一緒に加えるチリパウダーを、好みの量増やすとよいでしょう。仕上げのレモン果汁とひとつまみの砂糖の甘みが、グジャラティ料理のおいしさを引き立てます。

材料（作りやすい量）

炊いたバスマティライス … 1カップ分を炊いた量
植物油 … 大さじ1
クローブ … 2個
▲ カシアバーク（あれば） … 1cm角
クミンシード … 小さじ1/2強
ヒング … 小さじ1/8
A｜ 生姜（皮をむきみじん切り） … 大さじ2
　｜ 青唐辛子（ヘタを除きみじん切り） … 3本分
　｜ ▲ ピーナッツ（生。あれば）
　｜ 　… 大さじ1（山盛り）
B｜ グリンピース（冷凍） … 1/4カップ
　｜ ターメリックパウダー … 小さじ1/4強
　｜ チリパウダー … 小さじ1/2
　｜ ガラムマサラ（p.178参照） … 小さじ1/8
　｜ 塩 … 小さじ1/2強〜好みの量
ヨーグルト … 1/3カップ
レモン果汁 … 小さじ1
甜菜糖 … ひとつまみ

＊冷えたバスマティライスを使用する場合は、温めてから使ったほうが、ほぐれやすく上手に仕上がる。

作り方

1 フライパンに植物油とクローブ（あればカシアバークも）を入れて弱めの中火で温め、クミンシードを加える。

2 クミンシードのまわりに泡が立ってきたら、ヒング、Aを順に加え混ぜながら加熱する⒜。

3 生姜に火が通ったら火を止め、炊いたバスマティライス、Bを加えて混ぜる⒝⒞。

4 ヨーグルトも加えて混ぜたら、火を再び弱めの中火にし、蓋をしてときどき混ぜながら加熱する。

5 蓋一面に水滴がついたら、レモン果汁と甜菜糖を加え、30秒ほど混ぜながら加熱する。

6 皿に盛り付けてヨーグルト（分量外）を添える。ヨーグルトをかけて混ぜながら食べる。

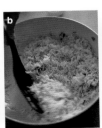

ムングダル キチディ
（緑豆のインド粥）

キチディは米をやわらかく炊いたインドのお粥で、インドでは紀元前から食べられていたといわれています。赤ちゃんの離乳食も、キチディから始まるのですよ。また、宗教的なお祭りのときにも作られ、地方により内容はさまざまで、バラエティーに富んでいます。わが家のキチディはとてもシンプルで、ムング豆を加えて作ります。そのときどきでスパイスを加えたり加えなかったり、水分量の加減も変わってきます。スパイスを加えるときには、微かな味がする程度にしてください。わが家ではかならずヨーグルトとともに食べ、ジャガイモのカレーを添えることもあります。どうぞ温かいうちに召し上がってください。本当にシンプルですが、心まで休まるようなやさしい味がします。

材料（2〜3人分）
バスマティライス … 1カップ
ムング豆（緑豆。皮付き）… 1/2カップ
A
　▲ ターメリックパウダー（あれば好みで）
　　… 小さじ1/4弱
　▲ カシアバーク（あれば好みで）… 1cm角
　▲ クローブ（あれば好みで）… 1個
　塩 … 小さじ1
　ギー … 小さじ2

準備（バスマティライス、ムング豆）
1　バスマティライスとムング豆は、それぞれ3度ほど水を替えながら洗って水を切り、別々に、2〜3時間水に浸けておく。

作り方
2　圧力鍋に、水を切った1のバスマティライスとムング豆を合わせて入れ、Aと水600mlを加えて混ぜる@ⓐⓑ。
3　蓋をして弱めの中火で加熱し、沸騰し高圧になったらごく弱火にし、20分加熱する。火を止めて、そのままおいて蒸気を出しきる（加圧時間は圧力鍋による）。米と豆はつぶれるほどやわらかくなっている。
4　3の鍋の中身をマッシャーで軽くつぶしⓒ、水200mlを加え、蓋（＊）をして弱めの中火で3分ほど加熱する。
5　好みでギー小さじ1（分量外）も加えて混ぜ、器に盛り付ける。ヨーグルトやジャガイモのカレー（下記参照）を添えるとよい。

＊4で使う蓋は圧力鍋のものでなく、一般的な鍋蓋。

● アルー タマターヌ シャアク
（ジャガイモとトマトのカレー）

材料（作りやすい量）
ジャガイモ（皮をむいて一口大に切る）… 中3個分
トマト（みじん切り）… 中1個分
植物油 … 大さじ2
A
　乾燥赤唐辛子 … 1本
　カシアバーク … 1cm角
　クローブ … 1個
マスタードシード … 小さじ1/2
クミンシード … 小さじ1/4
洗いゴマ（白）… 小さじ1
B
　ターメリックパウダー … 小さじ1/2
　チリパウダー … 小さじ1/2強
　ダナジラ（p.178参照。または
　　コリアンダーパウダー）… 小さじ1強
　塩 … 小さじ1〜好みの量
　香菜（みじん切り）… 大さじ1
　トマトペースト … 小さじ1
レモン果汁 … 小さじ1
甜菜糖 … 小さじ1/4弱

作り方
1　厚手の鍋に植物油とAを入れ、弱めの中火で加熱する。
2　赤唐辛子が膨らんできたら、マスタードシードを加え、弾けはじめたらクミンシード、洗いゴマも加える。
3　弾ける音がおさまったら、ジャガイモを加え、蓋をして加熱する。ジャガイモが透き通ってきたらトマトを加え、蓋をして加熱する。
4　トマトが崩れはじめたらBと水300mlを加え、蓋をして、強めの弱火でジャガイモがやわらかくなるまで加熱する。
5　レモン果汁と甜菜糖を加えて混ぜ、蓋をして1分ほど加熱する。

【 デザート 】

シュリカンド

モハンタル

シュリカンド
(ヨーグルトデザート)

シュリカンドはインドでもっとも古くからあるデザートといわれ、紀元前から食べられていたという話もあります。日本でもインド料理店などでおまけについてくることがありますね。シュリカンドのおいしさは、ずばりヨーグルト。時間のあるときにでも自家製のヨーグルトを作り、それで作ってみてください。本場のものは実はとても甘いのですが、ここでは食べやすいように甘さを軽めに仕上げました。サフランの量もお好みで調節してください。

材料 (作りやすい量)

ヨーグルト … 450g
牛乳 … 大さじ1
サフラン … ひとつまみ
砂糖 … 小さじ4
カシューナッツ（ローストしたもの）… 適量

準備 (水切りヨーグルト)

1 ボウルにザルをかけ、その上にキッチンペーパーを敷き、ヨーグルトをのせてラップをする。冷蔵庫に3時間ほどおいておく。

作り方

2 牛乳を電子レンジで人肌に温め、サフランを入れて混ぜ、牛乳が濃い黄色になるまでおいておく 。

3 ボウルに1のヨーグルトと2のサフランミルク、砂糖を合わせてよく混ぜる。

4 器に盛り、冷蔵庫で冷やしてから、ローストカシューナッツを細かく砕いたものを散らす。

＊＊＊＊＊＊＊＊＊＊＊＊＊＊＊＊＊＊＊＊＊＊＊＊＊＊＊＊＊＊＊＊＊

・カシューナッツとアーモンド（ともにローストしたもの）を細かく砕き、カルダモンパウダーを加えて混ぜたものをトッピングとしてかけると、見栄えもよくよりおいしい。

＊＊＊＊＊＊＊＊＊＊＊＊＊＊＊＊＊＊＊＊＊＊＊＊＊＊＊＊＊＊＊＊＊

モハンタル
（ヒヨコ豆の粉と
ギーのお菓子）

ベサン粉（ヒヨコ豆の粉）とギーで作る素朴でおいしいスイーツです。もともとインドのスイーツは神様に捧げる供物のひとつで、その中でもモハンタルは祭事のときなどにはかならず登場するおなじみのお菓子です。ギーをかなりたくさん入れますが、これがポイント。ギーを少なくするとボソボソとした硬い質感になりおいしくありません。初めは難しそうに感じるかもしれませんが、作ってみると意外に簡単です。アーモンドやピスタチオを刻んだものを散らすのが正統派の作り方ですが、ここではちょっとかわいらしく遊んでみたかったので、アーモンドやピスタチオに加え、クランベリーを散らして作り、小さくカットしてみました。

材料（15cm×15cmの角型1枚分）

ベサン粉 … 1と1/2カップ

ギー … 大さじ2+1/2カップ

牛乳 … 大さじ2

カルダモンパウダー … 小さじ1

A｜グラニュー糖 … 3/4カップ
　｜水 … 150㎖（3/4カップ）

生クリーム … 大さじ2

B｜ピスタチオ（細く切る）… 15個分
　｜アーモンド（細く切る）… 8個分
　｜ドライクランベリー（小さく切る）… 6個分

ドライクランベリー

準備

　型にはギー（分量外）を指先でまんべんなくぬっておく。

準備（シロップ）

1 鍋にAのグラニュー糖と水を入れ、強火で温める。

2 沸騰してきたら少し火を弱め、混ぜながら加熱する。

3 とろみがついてきたら弱火にし、更に混ぜながら加熱する。スプーンで少しとって親指にのせ、人差し指で挟んで開くと、シロップが1本の糸状になるようになったら火からおろしておく（弱火にしてから約13分）。

準備（ベサン粉）

4 大きめのボウルにベサン粉、ギー大さじ2、牛乳を入れ、指先でしごくようにしてよく混ぜる。

5 握るとひと塊になる状態になったら、ラップをして30分おいておく。

6 5をふるいに入れ、指先を使って漉しながらきめ細かい粉にする（下に大きめのボウルをおき、落ちた粉を受けるようにするとよい）。

作り方

7 テフロン加工の深型フライパンにギー1/2カップを入れて弱めの中火で温める。ギーがパチパチと音を立てはじめたら、6の粉を入れ、木ベラで混ぜながら加熱する。

8 初めはフワッと泡のようになり、すぐにボソボソとしてくるが、だんだんとなめらかなペースト状になる。

9 そのまま5分ほど混ぜ、生地がキャラメル色になったら火からおろし、カルダモンパウダーを混ぜる。

10 9に3のシロップを加えて木ベラで混ぜる。なめらかなペースト状からボソボソとした状態になってきたら、生クリームを加え、再び木ベラで混ぜる。

11 木ベラの跡が生地につくようになり、まとまったペースト状になったら、ギーをぬった型に入れて、表面をなめらかに整える。

12 Bを散らし、スプーンの背を使って軽く押し、生地に固定する。1時間ほどおいてから、好みの形に切り分けて型からとり出す。

＊＊＊＊＊＊＊＊＊＊＊＊＊＊＊＊＊＊＊＊＊＊＊＊＊＊＊＊＊＊

・冬場などでシロップの温度がかなり下がってしまった場合は、温めなおしてから加えるとよい。

・慣れてきたら、ベサン粉を30分ねかせている間にシロップを作るとよい。

＊＊＊＊＊＊＊＊＊＊＊＊＊＊＊＊＊＊＊＊＊＊＊＊＊＊＊＊＊＊

パーシー料理

フレディー・マーキュリーの映画でも知られるようになったパーシー。ペルシャ移民の味覚のセンスは、ここグジャラートで新しい料理として花開きました。コロッケ、ケバブ、フライドチキン、ポテトフライをトッピングしたカレーなど、個性的な料理が集まります。

【 ケバブ 】

ジョジェ ケバブ

クービデ ケバブ

ジョジェ ケバブ
（ヨーグルトサフラン・チキンケバブ）

ヨーグルトとサフランで漬け込んだ肉を焼く、鶏肉料理です。本場では鶏肉を丸ごと買ってきてさばいて作ります。部位によって食感も違いますから、どれが当たるか、それも楽しみのひとつです。炭火焼きにするとよりおいしいので、バーベキューや七輪などで炭火焼きが可能でしたら、ぜひお試しください。

材料（2〜3人）

鶏モモ肉＊ … 300g
サフラン（指先でしごいて粉にしたもの）
　　 … 小さじ1/8
牛乳 … 大さじ1

A　ライム果汁（またはレモン果汁）… 1個分
　　クミンパウダー … 小さじ1/4強
　　チリコルサ（中粗挽きチリパウダー）
　　　 … 小さじ1/4
　　カイエンペッパー … 小さじ1/4
　　パプリカパウダー … 小さじ1/4
　　黒コショウ（中挽き）… 小さじ1/4

B　玉ネギ（繊維に逆らって5mm幅に切る）
　　　 … 中1/4個分
　　ニンニク（すりおろし）… 小さじ1
　　水切りヨーグルト（p.90参照。または
　　　ギリシャヨーグルト）… 90mℓ
　　塩 … 小さじ1/2強
　　植物油 … 大さじ1

＊鶏肉は、胸肉や手羽元など他の部位でもよい。

作り方

1　【鶏肉を漬け込む】小さなボウルにサフランと牛乳を合わせて混ぜ、30分ほどおいておく。
2　鶏肉は皮を除き一口大に切る。
3　大きなボウルに2の鶏肉とAを入れてよくもみ込み、10分ほどおく。
4　3にBの材料と1のサフランミルクを加え、手でよくもみ込む。
5　4にラップをして冷蔵庫で3時間以上（できれば1日）ねかせる**ⓐ**。
6　【焼く】5を冷蔵庫から出し、鶏肉を金串に刺してから**ⓑ**常温に戻し、グリルで焼く。

＊＊＊＊＊＊＊＊＊＊＊＊＊＊＊＊＊＊＊＊＊＊＊＊＊＊＊＊＊＊＊＊

・漬け込み時間は12時間以上にするとおいしい。
・焼いている途中で、塩を少量ふるとよい。
・焼き目がついていない場合は、トングで串を挟んでコンロの直火であぶり、焼き目をつけるとよい**ⓒ**。
・ブラウンライス（p.106）と合わせて食べるとおいしい。
・手に入れば、スマックやアレッポチリを仕上がりにふりかけてもよい。スマックは、ペルシャ料理などに使われる酸味のあるスパイス。アレッポチリは、中近東や地中海料理でよく使われる唐辛子の一種。

＊＊＊＊＊＊＊＊＊＊＊＊＊＊＊＊＊＊＊＊＊＊＊＊＊＊＊＊＊＊＊＊

クービデ ケバブ
(ラム挽き肉のケバブ)

クービデ ケバブはもともとペルシャ（イラン）料理ですが、これがインドで発展していったのでしょう、今ではさまざまなタイプのケバブがあります。少し昔の話になりますが、私がこれを初めて食べたのはロンドンのドーストン。普段はあまり行かない場所ですが、おいしいケバブがあるという噂を聞いて駆けつけたところ、入り口に信じられないほど大きな炭火焼きのコンロがあり、そこで、長く太い金串に刺されたさまざまな肉や野菜が魅惑的に焼かれていました。料理を注文する前から、香ばしい炭の香りと肉が焼けるときのすばらしい香りにエンジンがかかり、早くこないかと首を長くして待ち受けていたものです。このときのケバブは、シンプルに肉をサフランで楽しむ感じでしたが（イラン料理は、サフランの香りと味が核になるものが多いのです）、この味に恋をしてしまった私は、それからというもの自分で作れるようになるまで何度もここに通いました。このケバブでちょっとおもしろいのは、すりおろして水分をとり除いた玉ネギを、少しだけ加えることです。私はこのオリジナルの味に、更にスパイスや香味野菜を重ね、現在の自分の味を作り上げました。

材料（6本 / 3人分）

ラム挽き肉（肩肉）＊ … 400g

A
- 玉ネギ（すりおろし）… 大さじ2
  （水分をキッチンペーパーで絞り、絞り汁もとりおく）
- ニンニク（すりおろし）… 大2粒分
- 香菜（みじん切り）… 大さじ2
- スペアミント（葉。みじん切り）＊ … 大さじ2
- 青唐辛子（ヘタを除きみじん切り）… 4本分

B
- ターメリックパウダー … 小さじ1/4弱
- クミンパウダー … 小さじ1/2強
- 黒コショウ（中挽き）… 小さじ1/2
- パプリカパウダー … 小さじ1/2強
- ▲チリコルサ（中粗挽きチリパウダー。あれば）… 小さじ1
  （ない場合はチリパウダーを適量）
- サフラン（指先でしごいて粉にしたもの）… 小さじ1/4
- 塩 … 小さじ1

＊肉はラム挽き肉300gと牛挽き肉100gを混ぜてもよい。
＊ミントはかならずスペアミントを使う。スペアミントがない場合は入れなくてもよい。また、ラム肉以外の肉で作る場合もミントは入れなくてよい。
＊串はケバブ用の平串を使用しているが、ない場合は、五平餅用や焼き鳥用の平串で代用するか、串につけずにフライパンで焼くとよい。

作り方

1. ボウルに挽き肉を入れ、B を加えてよく混ぜてから、玉ネギの絞り汁以外の A の材料を加えてよく混ぜる。ラップをし、最低でも2時間（できれば1日）冷蔵庫に入れておく。玉ネギの絞り汁も、冷蔵庫に入れておく。
2. 平金串に、ごく薄く植物油（分量外）をぬっておく。
3. 1のタネを冷蔵庫からとり出し、すぐに6等分にする。
4. 1の玉ネギの絞り汁を手のひらにつけ、3の中の1つをとり、2の金串につけて、握るようにしながら15cmほどの長さにのばしていく。残りの5つも同様に金串にのばす。
5. 4のタネの片面に、指で波状に跡をつける。
6. 炭火（または他の方法）で焼き、途中好みで塩（分量外）をふる。

＊＊＊＊＊＊＊＊＊＊＊＊＊＊＊＊＊＊＊＊＊＊＊＊＊＊＊＊＊＊＊

- 作り方1では、シュウマイを作るときのようにしっかり混ぜること。
- 植物油をひいたフライパンで焼いてもよい。その場合は、タネを15cmほどにのばして皿にのせ、指などで波形に跡をつけてから焼く。
- このままでもおいしいが、盛り付けてから香菜（みじん切り）、チリパウダー、チャットマサラ（p.178参照）をかけるか、手に入ればスマックやアレッポチリ（ともにp.94参照）をかけるとよりおいしい。
- 薄切りにしたキュウリ、赤玉ネギ、ライムを添えて盛り付けてもよい（ライムを絞りながら食べる）。

＊＊＊＊＊＊＊＊＊＊＊＊＊＊＊＊＊＊＊＊＊＊＊＊＊＊＊＊＊＊＊

【 カレー 】

ダンサック

96

GUJARAT

サリムルギ

カルミノパティオ → p.187

パーシーの家庭で作る、甘くて酸っぱいシンプルなエビカレーです。ソースはあまりないセミドライタイプ。

ダンサック
（豆と鶏肉の煮込みカレー）

鶏肉と豆を煮込んだカレーです。一説にはペルシャ（イラン）のシチューが起源とされ、グジャラートに移住したゾロアスター教徒（パーシー）のコミュニティで作られはじめたといわれています。これはもともと穀物で作った料理をペルシャでダンと呼び、またグジャラティで、調理した野菜を含め野菜全般をシャークと呼び、転じてカレーのようなものも意味するようになったことから、ダンシャーク、ダンサックとなったともいわれています。また、グジャラートのダルをゾロアスター教のコミュニティでとり入れたとも。いろいろな起源説のあるダンサックですが、現在では世界中のカレーハウスでもおなじみの人気メニューです。これはブラウンライス（p.106）とカチュンバー（サラダ系副菜）と一緒に食べるのが定番です。

材料（4人分）

鶏骨付き肉（ぶつ切り）… 600g
ツールダル … 1/2カップ
ムング豆（緑豆。皮付き）… 1/2カップ
ターメリックパウダー … 小さじ1/2

A | ヨーグルト … 大さじ2
　 | ターメリックパウダー … 小さじ1/2
　 | チリパウダー … 小さじ1/4
　 | ニンニク（すりおろし）… 小さじ2
　 | 生姜（すりおろし）… 小さじ2

B | クミンシード … 小さじ2
　 | コリアンダーシード … 小さじ2
　 | クローブ … 6個
　 | カシアバーク … 1cm角×3個
　 | テジパッタ（またはベイリーフ。
　 | 　2つにちぎる）… 2枚分
　 | 黒粒コショウ … 小さじ1
　 | フェヌグリークシード … 小さじ1/4
　 | 洗いゴマ（白）… 小さじ1

C | チリパウダー … 小さじ1/2強
　 | ナツメグパウダー … 小さじ1/4
　 | メースパウダー … 小さじ1/4

トマト（みじん切り）… 中1個分
植物油 … 大さじ2
玉ネギ（みじん切り）… 大1/4個分

D | 香菜（みじん切り）… 大さじ3
　 | タマリンドパルプ（p.183参照）… 大さじ1
　 | ガラムマサラ（p.178参照）… 小さじ1/2
　 | 塩 … 小さじ1弱〜好みの量

準備（豆）

1 ツールダルとムング豆は、合わせてザルに入れて流水ですすいだ後、ボウルに入れ、水600mlを加えて5時間ほど浸けておく。

2 厚手の鍋に1の豆を水ごと入れてターメリックを加え、弱めの中火で加熱する。沸騰したら弱火にし、豆がやわらかくなるまで加熱する（圧力鍋を使用してもよい）。

準備（鶏肉）

3 鶏肉は皮を除いてAをもみ込み、最低でも2時間（できれば半日）冷蔵庫においておく。

準備（B・C／マサラ）

4 Bは乾煎りして皿にとり出し、常温に冷めたらミルミキサーに入れて粉にし、Cを加えて混ぜておく。

作り方

5 【ソースを作る】トマトを小さめのフライパンに入れて火にかけ、水分を飛ばしてペースト状にする。

6 厚手の鍋に植物油を入れて弱めの中火で温め、玉ネギを入れて混ぜながら加熱する。

7 玉ネギの縁が焦げ茶色になり全体があめ色になったら火を止め、4のマサラを加え、混ぜながら油となじませる。

8 【豆と鶏肉を加えて煮込む】7に2の豆（煮汁ごと）と3の鶏肉（漬け込んだスパイスごと）、5のトマトを入れて、弱めの中火で加熱する。

9 沸騰してきたら強めの弱火にし、鶏肉がやわらかくなるまで加熱したら、Dも加えて混ぜ、2分ほど加熱する。

サリムルギ
（パーシーの
チキンカレー）

フライドポテトがのっているこの料理は、パーシーの代表的なチキンカレーです。サリはポテトフライのこと、ムルギは鶏肉のことをいいます。パーシー料理は、パーシーが移民する前のペルシャ（イラン）の料理を、グジャラートで手に入る材料を使ってアレンジしたものが多く、またグジャラティ料理の影響も受けてきました。このフライドポテトは何かの間違いで、誰かがカレーの上にのせてしまったことから始まったのではありません。もともとペルシャ料理では、揚げたジャガイモが添え物として出されることが多く、この慣習から生まれたといわれています。またはじめはもっとスパイスが少なかったようですが、時とともにグジャラートの影響を受け、さまざまなスパイスが加わりました。

材料（3人分）

鶏手羽元 … 8本
ジャガイモ（中）… 1個
薄力粉 … 大さじ2と1/2
植物油 … 大さじ1
▲ ギー（あれば）… 大さじ1
A｜ カシアバーク … 1cm角×4個
　｜ グリーンカルダモン … 5個
　｜ クローブ … 4個
クミンシード … 小さじ1
玉ネギ（みじん切り）… 大1/2個分
チリパウダー … 小さじ1
B｜ 生姜（すりおろし）… 大さじ1
　｜ ニンニク（すりおろし）… 大さじ1
　｜ 青唐辛子（みじん切り）… 3本分
　｜ トマト（みじん切り）… 中2個分
　｜ 塩 … 小さじ1
C｜ コリアンダーパウダー … 小さじ2
　｜ ターメリックパウダー … 小さじ1
　｜ クミンパウダー … 小さじ1
　｜ ガラムマサラ（p.178参照）… 小さじ1
　｜ 香菜（みじん切り）… 大さじ3
　｜ 塩 … 小さじ1/2〜好みの量
コクム（またはゴラカ。p.183参照）… 2個
　（または白ワインビネガー … 小さじ2）
ジャガリー（p.183参照）… 小さじ1
▲ 香菜（みじん切り。あれば）… 少量

準備〈ジャガイモ〉

1　ジャガイモは皮をむき、スライサーで千切りにする。
2　1をボウルに入れ、薄力粉をまぶして1本ずつ分かれるようにしてから@、180℃の植物油（分量外）で揚げておく。

作り方

3　厚手の鍋に植物油（あればギーも）とAを入れ、弱めの中火で温める。
4　カルダモンが膨らんできたらクミンシードを加え、クミンシードのまわりに泡が立ってきたら、玉ネギを入れて混ぜながら加熱する。
5　玉ネギがやわらかく、縁が茶色くなったら、チリパウダーを加える。
6　火を止めて、混ぜながら余熱でチリパウダーを油となじませたら、Bも加え、弱めの中火にかけて混ぜながら加熱する。
7　トマトの水分が飛んでペースト状になったらCを加え⑥、火を弱めて1分ほど加熱し©、鶏手羽元を入れてよく混ぜてから⑩、水100mℓを入れて混ぜる。
8　蓋をして、弱めの中火で3分ほど加熱した後（鶏肉からも水分が出てくる）、水200mℓ、コクム、ジャガリーを加え、蓋をして弱火で鶏肉がやわらかくなるまで加熱する。
9　皿に盛り付け、2のフライドポテトをのせ、あれば香菜を散らす。

＊＊＊＊＊＊＊＊＊＊＊＊＊＊＊＊＊＊＊＊＊＊＊＊＊＊＊＊
・コクムは長い間ソースの中に入れておくと酸味が強くなりすぎるので、ちょうどよい酸味になったところで、とり出しておくほうがよい。
・フライドポテトがしんなりしてしまっていたら、盛り付ける前にトースターなどで水分を飛ばし、カリカリにするとよい。
＊＊＊＊＊＊＊＊＊＊＊＊＊＊＊＊＊＊＊＊＊＊＊＊＊＊＊＊

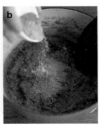
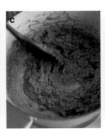

マトンコトレット

ムルギナファルチャ

アクリ

マトンコトレット（パーシーのメンチカツ）

日本のコロッケはフランス料理のクロケットがもとになっているといわれていますが、このコトレットはペルシャ（イラン）料理がルーツです。イラン料理のコトレットは、ジャガイモと肉を混ぜたもの、ジャガイモとサーモンを混ぜたもの、ズッキーニなどを加えたものなどいろいろありますが、これがグジャラティにあるゾロアスター教徒（パーシー）のコミュニティが起源のもので、イランのコトレットよりもスパイスが多く、辛みも加わっています。ラム肉で作るため、ラムによく合うスペアミントを加えるのが特徴ですが、牛肉や鶏肉で作る場合はスペアミントを使わずに、その分香菜を増やすといいでしょう。

材料（8個分）

A
- ラム挽き肉＊ … 300g
- ジャガイモ … 小1個
- 生姜（すりおろし）… 小さじ1
- ニンニク（すりおろし）… 小さじ1
- 香菜（みじん切り）… 大さじ2
- スペアミント（葉。みじん切り）＊ … 大さじ2
- 青唐辛子（ヘタを除きみじん切り）… 2本分
- チリパウダー … 小さじ1
- ターメリックパウダー … 小さじ1/2
- クミンパウダー … 小さじ1/2
- 黒コショウ（中挽き）… 小さじ1/2
- サフラン … 小さじ1/8
   （指先で粉にしてからはかる）

パン粉（ドライ）… 2カップ
卵（溶く）… 1個分
揚げ油（植物油）… 適量

＊肉は好みで牛挽き肉、合挽き肉、鶏挽き肉でもよい。
＊羊肉以外の肉を使う場合は、ミントは加えない。

準備（ジャガイモ）

1 ジャガイモは皮をむいてゆで、マッシャーでつぶしておく。

準備（パン粉）

2 パン粉はミルミキサーで（またはビニール袋に入れて麺棒でたたき）細かくしておく。

作り方

3 【タネを作り、成形する】ボウルに1のジャガイモと残りのAをすべて入れて、よく混ぜる (a)(b)。

4 3を8等分にして (c)、植物油（分量外）をぬった手で丸め、手のひらで軽く押さえてつぶし、形を整える (d)。

5 皿に並べ、冷蔵庫で30分冷やす (e)。

6 冷蔵庫からとり出して冷えたまま2のパン粉をつけ、溶き卵をからめ、またパン粉をつける (f)。

7 【揚げる】180℃の油で、キツネ色になるまで揚げる（または揚げ焼きにする）。

8 器に盛り付け、あればコリアンダーチャツネ（p.121参照）を添える。

アクリ（パーシーのスクランブルエッグ）

これもパーシーコミュニティで食べられてきた料理ですが、もともとはバルーチというグジャラティの一都市で生まれたのだそうです。バルーチはかつて極東からのスパイスやシルクなどの交易をする貿易ルートの最終地点として栄えていた場所で、さまざまな文化が出会っていた場所でもありました。誰がどうやってこのアクリを作り出したのか、考えるだけでもこの料理の価値が高まりますね。見かけはあまりよくないですが、今まで食べたことのあるスクランブルエッグとはひと味違ったおいしさが感じられると思います。フランス式の作り方とはまったく違い、火にかけてざっくりと混ぜ合わせ、やや半熟加減になるように作ることがコツです。これをパンに挟めばおいしいサンドイッチになりますよ。

ムルギナファルチャ（パーシーフライドチキン）

スパイスで漬け込んだ鶏肉に、パン粉をつけてから卵をからめて揚げるフライドチキンです。新年や結婚式、それ以外にも家族や親族が大勢集まるときなどに、前菜のひとつとして、ときにヨーグルトなどを添えて供されます。家庭以外ではなかなか食べられませんが、ムンバイのイランカフェなどのメニューの中にもあるようです。パーシーのムルギナファルチャには、グジャラティ独特のマサラであるダナジラやレモンが使われたり、ガラムマサラ が入ったりとそれぞれの家庭で受け継がれた味があるようです。わが家では、グジャラティでよく使うローストクミンシードを使ってさっぱり仕上げています。

材料（作りやすい量）

鶏モモ肉（皮を除き唐揚げサイズに切る）… 300g

A
| 青唐辛子（ヘタを除きぶつ切り）… 2本分
| ニンニク（大）… 1.5粒
| 生姜 … ニンニクと同量

B
| チリパウダー … 小さじ1/2
| ローストクミンシード … 小さじ1/2（指先でしごく）
| 黒コショウ（中挽き）… 小さじ1/4強
| レモン果汁 … 大さじ1
| 塩 … 小さじ1弱

パン粉 … 1カップ（細かく砕いておく）

卵 … 2個

C
| チリパウダー … 小さじ1/2
| 黒コショウ（中挽き）… 小さじ1/2
| 香菜（みじん切り）… 大さじ2

揚げ油（植物油）… 適量

準備（A／香味野菜ペースト）

1　Aに大さじ1の水を加え、ミルミキサーでペーストにしておく。

準備（卵・C）

2　卵は溶いてから、Cを加えてよく混ぜておく。

作り方

3　ボウルに鶏肉を入れ、1のペーストとBを加え、よくもんで鶏肉に吸収させる ⓐⓑⓒ。

4　3の鶏肉にパン粉をつけておく。

5　揚げ油が180℃に温まったら、4の鶏肉に2の溶き卵をつけて油に入れ、鶏肉に火が通りキツネ色になるまで揚げる。

＊＊＊＊＊＊＊＊＊＊＊＊＊＊＊＊＊＊＊＊＊＊＊＊＊＊＊＊＊＊＊＊

・揚げたての温かいうちに、塩とチリパウダー（分量外）を少量かけてもよい。
・レモンを添えて盛り付ける。

＊＊＊＊＊＊＊＊＊＊＊＊＊＊＊＊＊＊＊＊＊＊＊＊＊＊＊＊＊＊＊＊

材料（2人分）

卵 … 3個

牛乳 … 大さじ1

A
| 香菜（みじん切り）… 大さじ2
| チリパウダー … 小さじ1/2
| ターメリックパウダー … 小さじ1/4
| 黒コショウ（中挽き）… 小さじ1/4
| 青唐辛子（ヘタを除きみじん切り）… 2本分
| 塩 … 小さじ1/4

植物油 … 大さじ2

クミンシード … 小さじ1/2

玉ネギ（みじん切り）… 大さじ3

ニンニク（みじん切り）… 小さじ1

青唐辛子（ヘタを除きみじん切り）… 2本分

作り方

1　卵を溶いてから牛乳を入れて混ぜ、Aを加えて混ぜておく。

2　フライパンに植物油を入れて弱めの中火で温め、クミンシードを入れる。

3　クミンシードのまわりに泡が立ってきたら、玉ネギを入れて混ぜながら加熱する。玉ネギが透き通ってきたらニンニク、青唐辛子を加える。

4　1の卵をもう一度かき混ぜてから3のフライパンに流し、フォークで混ぜながらやわらかめに仕上げる。

ジュウェルドライス
（特別な日のピラフ）

ビジュアル的にも食感的にも楽しめる、まるで宝探しのようなこの米料理は、バスマティライスの中にさまざまなスパイスの香り、ドライフルーツやナッツの奥深い味と食感、ギーの芳醇な香りと味が一体となった、とても贅沢な、特別な日のための料理です。これはもともと宝石のピラフと呼ばれている、ジャヴァー ポロウという名前のペルシャ（イラン）の料理で、ペルシャでも結婚式やパーティーなど特別な日には欠かせないものです。材料を揃えるのが少し大変なのですが、でき上がった後にはかならず作ってよかったと思えると思います。そのまま大皿に盛り付けて食卓に並べれば、おもてなし料理にもなります。クリスマスのときなどには、ローストチキンとともに召し上がってもおいしいですよ。

材料（2〜3人分）

バスマティライス … 1カップ
サフラン … 小さじ1/4
　（大さじ1の湯または牛乳に浸けておく）
ギー（または無塩バター）… 大さじ1
A｜アーモンド … 大さじ2（約20個）
　｜カシューナッツ … 大さじ2（約18個）
植物油 … 大さじ1
B｜グリーンカルダモン … 6個
　｜クローブ … 3個
玉ネギ（みじん切り）… 大1/4個分
C｜バーベリー（p.181参照。または
　｜　ドライクランベリー）… 大さじ1
　｜　（クランベリーの場合は3等分に切る）
　｜グリーンレーズン（またはサルタナレーズン）
　｜　… 大さじ1
クミンパウダー … 小さじ1/2
シナモンパウダー … 小さじ1/8
塩 … 小さじ1強
D｜▲ザクロ（粒。あれば）… 適量
　｜▲香菜（粗みじん切り。あれば）… 適量

＊ドライフルーツは、酸味と甘みのあるものを混ぜるようにすれば、他のものでもよい。

バーベリー

グリーンレーズン

準備（バスマティライス）

1　バスマティライスはザルに入れて流水で軽く洗い、ボウルに移して熱湯600mℓを加え**ⓐ**、蓋をして30分ほどおいた後**ⓑ**、ザルで水を切っておく（ザルに上げた状態で長く放置しない）。

作り方

2　深型フライパンにギーを入れて強めの弱火で温め、Aのナッツを入れて軽く色がつくまで加熱したら、皿にとり出しておく。

3　2のフライパンに植物油とBのホールスパイスを入れ、弱めの中火で加熱する。

4　カルダモンが膨らんできたら玉ネギを加え、混ぜながら加熱する。

5　玉ネギが透き通ってきたら、2のナッツとCのドライフルーツ、1のバスマティライスを加えて混ぜる。

6　クミンパウダー、シナモンパウダー、塩を加えて混ぜた後、水200mℓを加えて混ぜ、蓋をして弱めの中火で加熱する。

7　沸騰したら蓋をしたまま強めの弱火にし、10分ほど加熱する（バスマティライスが立ってくる）。

8　7のところどころに、サフランを浸けておいた湯ごとかけて、部分的に色をつける。蓋をして、ごく弱火で5分ほど加熱する。

9　炊き上がったら火を止めて、底から返してほぐし、再び蓋をして3分ほど蒸らす。

10　器に盛り、好みでDを散らす。

＊＊＊＊＊＊＊＊＊＊＊＊＊＊＊＊＊＊＊＊＊＊＊＊＊＊＊＊＊＊＊＊＊

・盛り付けてから、ドライアプリコットやその他のドライフルーツ類、ピスタチオやその他のナッツ類、ドライローズなどを散らしてもよい。

＊＊＊＊＊＊＊＊＊＊＊＊＊＊＊＊＊＊＊＊＊＊＊＊＊＊＊＊＊＊＊＊＊

ブラウンライス
（カラメル色の玉ネギライス）

玉ネギを茶色く炒めて米と一緒に炊き込んだ、とてもおいしい米料理です。炒めた玉ネギの香ばしさとカラメル感がたまらないですよ。これはペルシャ（イラン）からグジャラティに渡ってきたゾロアスター教徒（パーシー）のコミュニティで受け継がれてきた料理ですが、今ではレストランなどでもとても人気があるようです。本来は豆と肉を一緒に煮込んだダンサック（p.96）と一緒に食べますが、これだけでピラフのような感覚で食べても、他のカレーと合わせても楽しんでいただけると思います。

材料（4人分）

バスマティライス … 2カップ
赤玉ネギ（繊維に沿って薄切り）… 大1個分
グラニュー糖 … 小さじ1
ギー … 大さじ1＋大さじ1
植物油 … 大さじ1
A｜ 乾燥赤唐辛子 … 1本
　｜ グリーンカルダモン … 5個
　｜ クローブ … 4個
　｜ カシアバーク … 1cm角×4個
　｜ 黒粒コショウ … 小さじ1/2
塩 … 小さじ2〜好みの量

準備（バスマティライス）

1　バスマティライスはザルに入れて流水で軽く洗い、ボウルに移して熱湯600mlを加え、蓋をして30分ほどおいた後、ザルで水を切っておく（ザルに上げた状態で長く放置しない）。

作り方

2　【 炒め玉ネギを作る 】深型のフライパンにギーと植物油大さじ1ずつを入れて、弱めの中火で温め、赤玉ネギを入れる。ときどき混ぜながら加熱し、赤玉ネギがしんなりしてきたらグラニュー糖を加え、混ぜながら炒める。焦げ茶色になったら皿にとり出しておく⒜。

3　【 ブラウンライスを作る 】深型のフライパンにギー大さじ1とAを入れ、弱めの中火で温める⒝。

4　赤唐辛子が膨らんできたら、2の炒め玉ネギを入れ⒞、水気を切った1のバスマティライス、塩を入れる⒟。

5　水を400ml加えて混ぜ⒠。弱めの中火で加熱する。沸騰したら蓋をして弱火で15分ほど加熱する。

6　火を止めて、5分ほど蒸らす。

＊＊＊＊＊＊＊＊＊＊＊＊＊＊＊＊＊＊＊＊＊＊＊＊＊＊＊
・仕上がったものに塩と粗挽き黒コショウをかけて、ざっくり混ぜるとよりおいしい。
＊＊＊＊＊＊＊＊＊＊＊＊＊＊＊＊＊＊＊＊＊＊＊＊＊＊＊

Mumbai

Maharashtra

マハラシュトラ州
MAHARASHTRA

マラティ料理

マラティ語を話す人々のコミュニティの料理。かならず対で供される鮮やかな赤と白のカレー、詰め物をしたナス料理、ホウレン草1束と豆を加えて作るお粥など。ここはおいしい肉料理とヘルシーなベジタリアン料理が共存する場所。他では味わえない魅力的な料理があふれています。

【 野菜料理 】

バンゲチェカプ
（マラティナスのスパイス焼き）

バンゲチェ（バンギャチェ）とはナスのこと。ナスはインド全域でとてもよく使われる食材で、私も常備するようにしています。このレシピはナスにスパイスをからめて焼くだけの簡単なものですが、作られる地域によって、少しずつスパイスや油の種類が異なります。ナスは油と相性がよいので、この料理も本来はかなり多め（フライパンの底から1cm程度）の植物油を使い、ナスから油が染み出るくらいに仕上げます。私は日常的によく作りますので、油は極力少なめで仕上げていますが、今日はあまりカロリーを気にしない！という日がありましたら、ぜひ多めの油で作ってみてください。また違ったおいしさが味わえます。

材料（作りやすい量）

米ナス … 1本（約260g）
生姜の絞り汁 … 大さじ1
植物油 … 適量
A　チリパウダー … 小さじ1
　　ターメリックパウダー … 小さじ1/2
　　ガラムマサラ（p.178参照）… 小さじ1/2
　　コリアンダーパウダー … 小さじ1/2
　　チャットマサラ（p.178参照）… 小さじ1
　　塩 … 小さじ1/2
　　ベサン粉 … 大さじ1

作り方

1　米ナスはヘタと下の部分を切り落とし、縦半分に切ってから1cm幅の半月切りにし、水に浸ける。キッチンペーパーで軽く押さえて余分な水分をとってからバットに入れ、生姜の絞り汁をまぶしておく。

2　A ⓐは混ぜ合わせる。

3　2の粉を1のナスの両面につけ ⓑ、皿に並べて数分そのままおいておく。

4　フライパンに多めの植物油を入れ、弱めの中火で加熱する。

5　油が温まったら、3のナスの両面にもう一度2の粉をつけ、フライパンに並べていく。

6　ナスがやわらかくなり、下の面に焼き色がついたら裏返し、同様に焼く（ⓒ途中で火を弱めてもよい）。

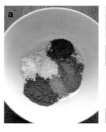

マラティ バタタヤチ バジ（マラティ流 ジャガイモの蒸し煮）

インドでは地域によってジャガイモのことをバタタ（発音はバテタ）またはアルーと呼びます。これはポルトガルがインドの西海岸にジャガイモを伝えたことから、ポルトガル語でジャガイモを表す「バタタ」がそのまま使われるようになり、その後英国がベンガルにジャガイモを持ち込み、英語でア ルート クロップ（a root crop）と紹介したため、アルーと呼ばれるようになったためです。この料理の名前に使われている、なんだかかわいい「バタタヤチ」という言葉も、もちろんバタタから来ていて、マラティ特有のジャガイモの愛称的な呼び名です。どこの地域にもあるジャガイモ料理ですが、これは生のピーナッツや洗いゴマ、生のココナッツが入るのが特徴です。

材料（作りやすい量）

ジャガイモ（メークイン）… 500g（中4個）
玉ネギ（みじん切り）… 中1/4個分
ココナッツオイル（または他の植物油）… 大さじ2

A | 乾燥赤唐辛子（半分にちぎる）… 2本分
　 | ウラドダル（皮むき割り）… 小さじ1/2

B | クミンシード … 小さじ1/2
　 | ▲ カレーリーフ（あれば）… 1枝分

チリパウダー … 小さじ1

C | ターメリックパウダー … 小さじ1/8
　 | 洗いゴマ（白）… 小さじ1
　 | ピーナッツ（生）… 大さじ1

D | チャナダル … 大さじ1
　 | コリアンダーシード … 小さじ4
　 | フェヌグリークシード … 小さじ1/8
　 | 黒粒コショウ … 小さじ1/2
　 | ココナッツ（生を削ったもの。または
　 | 　　ココナッツファイン）… 小さじ4

塩 … 小さじ1〜好みの量

レモン果汁（またはライム果汁）… 大さじ1〜好みの量
▲ 甜菜糖 … ひとつまみ
　（レモンの酸味とバランスをとるのに必要なら）

作り方

1　ジャガイモはゆでて皮をむき、一口大に切る。

2　Dの材料は乾煎りし、皿にとり出す。常温に冷めてから、ミルミキサーで粉にする。

3　フライパンにココナッツオイルとAを入れ、弱めの中火で温める。

4　赤唐辛子が膨らんできたらBを加えて混ぜ、クミンシードのまわりに泡が立ってきたら玉ネギも加える。

5　玉ネギがやわらかくなり、縁が茶色くなりはじめたら、チリパウダーを加える。

6　チリパウダーが油となじんだら、Cを順に加え混ぜながら加熱する。

7　ピーナッツに火が通ったら1のジャガイモ、2、塩を加えて混ぜ、水150mℓを加え、混ぜながら水分が飛ぶまで加熱する。

8　火を止めてレモン果汁、水大さじ2を加えて混ぜ、必要な場合は甜菜糖も加え、すぐに蓋をしてごく弱火で1分ほど加熱する。

マラティ バレリ バンギ（マラティ ナスの詰め物）

小ナスにスパイスと香味野菜、ピーナッツなどで作った詰め物を詰め、蒸し煮した物菜です。西インドでは、この料理はひと月に何度出てくるかわからないほどよく食べられている定番料理で、グジャラティにもこれと似た料理があり、私がインド料理を習いはじめたころに習った料理でもあります。地域や家庭によって汁の分量や詰め物の味が異なり、食べくらべるのも楽しいものです。

材料（作りやすい量）

小ナス … 8〜10個（特に小さい場合は15個程度）
植物油 … 大さじ1＋大さじ2

A　マスタードシード … 小さじ1
　　クミンシード … 小さじ1/2
　　カレーリーフ … 1枝分
　　赤玉ネギ（粗みじん切り）… 中1/2個分
　　ニンニク（厚めのスライス）… 1粒分
　　生姜（厚めのスライス）… ニンニクと同量
　　青唐辛子（ヘタを除きぶつ切り）… 2〜3本分
　　　　（青唐辛子の辛さと好みによる）
　　トマト（粗みじん切り）… 小1個分
　　香菜（みじん切り）… 大さじ6（山盛り）

B　ピーナッツ（生）… 大さじ5
　　ココナッツ（生を削ったもの。または
　　　　ココナッツファイン）… 大さじ3
　　煎りゴマ（白）… 大さじ2（山盛り）

C　カシミールチリパウダー … 小さじ2〜3
　　　　（辛さと好みによる）
　　ターメリックパウダー … 小さじ1
　　コリアンダーパウダー … 大さじ1
　　タマリンドパルプ（p.183参照）… 大さじ1
　　ジャガリー（p.183参照。または甜菜糖）
　　　　… 小さじ1
　　塩 … 小さじ1

準備（A／ウェットペースト）

1　フライパンに植物油大さじ1を入れて弱めの中火で温め、Aのマスタードシードを入れ、弾けはじめたらクミンシード、カレーリーフを入れる。

2　マスタードシードの音がおさまったら赤玉ネギを加え、混ぜながら縁が茶色くなるまで加熱する。

3　残りのAの材料も順に加えて混ぜながら加熱する。トマトの水分が飛びペースト状になったら、ミルミキサーでペーストにする。

準備（B）

4　Bのピーナッツとココナッツは、それぞれキツネ色になるまで乾煎りしておく。ミルミキサーにBをすべて入れて粉にする。

作り方

5　4を大きめのボウルに入れ、3のペーストとCを加えてよく混ぜる。

6　小ナスはヘタをつけたままガクを除き、ヘタから1cm下までに十字の切り込みを入れ、水に浸けておく。

7　6の水気をとり、切り込みの中に5のペーストを詰める@。

8　厚手の鍋に植物油大さじ2を入れ、7のナスを、ヘタ側を下にして立てて鍋に詰める。

9　残った5のペーストと水120mlも8に加え、蓋をして弱めの中火で加熱する。沸騰しはじめたら火を弱め、ナスがやわらかくなるまで加熱する。

マラティ バタタワダ（ジャガイモボールの スパイス衣揚げ）

マッシュポテトを丸め、ヒヨコ豆の粉の衣をつけて揚げ、コロッとしたかわいい形に仕上げます。家庭ではもちろんのこと、西インドの屋台料理としても、日本のたこ焼きほどに人気のスナックです。そのままチャツネと一緒に食べたり、ワダパヴ（p.126）のようにパンに挟んだり、手で半分にザクッと割ったものを皿にのせ、さまざまなチャツネやスパイスをかけてチャート（p.60参照）にしたりと、楽しみ方はいろいろです。

材料（作りやすい量）

ジャガイモ（中）… 2個
植物油 … 大さじ1
マスタードシード … 小さじ1/2
クミンシード … 小さじ1/4強
カレーリーフ … 1枝分
▲ ピーナッツ（生。あれば）… 大さじ2
青唐辛子（種を除きみじん切り）… 3本分
生姜（みじん切り）… 大さじ1
A　ダナジラ（p.178参照。またはコリアンダー
　　パウダー）… 小さじ1（山盛り）
　　チリパウダー … 小さじ1/2
　　チャットマサラ（p.178参照）… 小さじ1/4
　　香菜（みじん切り）… 大さじ3強
　　レモン果汁 … 小さじ1
　　塩 … 小さじ1〜好みの量
B　ベサン粉 … 1カップ
　　米粉（p.182参照。または片栗粉）… 大さじ3
　　ターメリックパウダー … 小さじ1/2
　　チリパウダー … 小さじ1/2
　　水 … 1/3カップ〜適量
揚げ油 … 適量

作り方

1　ジャガイモはゆでて皮をむき、マッシャーでつぶしておく。

2　フライパンに植物油大さじ1を入れて弱めの中火で温め、マスタードシードを入れる。

3　マスタードシードが弾けはじめたらクミンシード、カレーリーフ（あればピーナッツも）を入れ、弾ける音がおさまったら青唐辛子、生姜も加える。

4　ボウルに1のジャガイモとAを入れ、3を加えて手でよく混ぜた後ⓐⓑ、直径4cmほどの球に丸めるⓒ。

5　Bを別のボウルに入れて混ぜ、衣を作る。4を入れてからめ、180℃に熱した油に入れ、淡いキツネ色になるまで揚げる。

【 カレー 】

パンドラ ラッサ

マタナチャ タンブダ ラッサ

この味を表現するなら、シャープな辛さの後に眼が覚めるようなスパイスのパンチがくる、といった感じでしょうか。このカレーはマハラシュトラ州の北東にあるヴィダルバ地方の郷土料理です。このヴィダルバ地方ではヴァーハディと呼ばれる方言が使われ、この方言を使うコミュニティで受け継がれてきた料理なのです。

ヴァーハディ ラッサ　→ p.188

パンドラ ラッサ
（白いスープカレー）

スパイスと肉をじっくり煮込んだソースに、ペーストを加えて作ったマイルドな白いスープカレーです。これは通常マタナチャ タンブダ ラッサ（p.115）と一緒に供され、交互に食べるのが慣習です。このパンドラ ラッサは、口に含んだ瞬間見た目から想像する味とはまったく異なる味の世界が広がります。ちょっと変わったスパイス使いですが、味は格別ですよ。少しだけとろみがありサラサラしたこのソースは、それだけでもおいしく、またパンともご飯とも相性がよいと思います。本来は基本的に辛みをほとんど加えませんが、わが家では辛みの強いチリパウダー（カイエンペッパーなど）を少量加え、パンチを出しています。

材料（作りやすい量）

鶏骨付き肉（または骨付きぶつ切りラム肉やラムチョップ）… 600g

A　テジパッタ（またはベイリーフ）… 2枚
　　クローブ … 5個
　　黒粒コショウ … 小さじ2
　　カシアバーク … 1cm角×2個

B　植物油 … 大さじ1
　　コリアンダーシード … 大さじ1
　　洗いゴマ（白）… 大さじ2
　　玉ネギ（薄切り）… 中1/4個分
　　青唐辛子（ヘタを除きみじん切り）… 2本分
　　ニンニク（薄切り）… 大2粒分
　　生姜（薄切り）… ニンニクの半量
　　香菜（みじん切り）… 大さじ2
　　カシューナッツ … 大さじ2
　　ココナッツ（生を削ったもの）… 大さじ1
　　（またはココナッツミルク … 小さじ1）

ポピーシード … 小さじ2
（水大さじ3に30分浸けておく）

C　ナツメグパウダー … 小さじ1/8
　　白コショウパウダー … 小さじ1
　　カイエンペッパー … 小さじ1/2
　　ギー … 大さじ1
　　ヨーグルト … 大さじ1（溶いておく）
　　ココナッツミルク … 大さじ1
　　塩 … 小さじ1

作り方

1　【鶏肉を煮る】厚手の鍋に鶏肉、A、水600mlを入れて弱めの中火で加熱する。沸騰したら蓋をして火を弱め、鶏肉がやわらかくなるまで煮込む。

2　【ペーストを作る】1の鶏肉を煮ている間に、フライパンにBの植物油を入れて弱めの中火で温め、コリアンダーシード、洗いゴマを入れる。

3　ゴマが弾けはじめたら玉ネギを加え、玉ネギがしんなりとして透き通ってきたら残りのBを順にすべて入れ、焦がさないように混ぜながら加熱する。ニンニクに火が通ったら、フライパンの中身をすべて皿にとり出す。

4　3が常温に冷めたらポピーシード（水ごと）、水100mlを加え、ミルミキサーでペーストにする。

5　【合わせて煮る】1の鶏肉の鍋を弱めの中火にかけ、沸騰しはじめたら4のペーストを加えて混ぜる。

6　Cを加えて混ぜ、弱火で軽くとろみがつく程度に5分ほど蓋をしないで煮る。

マタナチャ
タンブダ ラッサ
(コールハープルの
赤いマトンカレー)

タンブダの意味は赤。これは真っ赤なサラッとしたソースが特徴のマトンカレーです。このカレーはコールハープリマサラというミックススパイスを使って作るのが特徴です。コールハープルはマハラシュトラ州の都市で、最近では映画産業でも知られていますが、実は農業も盛んで、中でも唐辛子は重要な輸出農産物にもなっています。細長い形で乾燥させるとシワがたくさん入るサンケシュワリチリと一般的な形をしたラヴァンギチリは、特にこの地域で大切にされている唐辛子で、この赤さと辛さがコールハープリ料理を支えているといっても過言ではありません。ここではカシミールチリパウダーで代用しています。

材料(作りやすい量)

ラムチョップ* … 10～12本
植物油 … 大さじ1＋大さじ2

A | 赤玉ネギ(薄切り) … 中1/2個分
　 | ニンニク(大) … 2粒
　 | 生姜 … ニンニクと同量
　 | 香菜(茎を除きざく切り) … 1茎分(約20g)
　 | ココナッツ(生を削ったもの。または
　 | 　ココナッツファイン) … 1/2カップ
　 | 　(キツネ色に乾煎りする)

ギー(または植物油) … 大さじ1

B | 乾燥赤唐辛子(半分にちぎる) … 2本分
　 | グリーンカルダモン … 2個
　 | ブラックカルダモン … 2個
　 | スターアニス … 1/4個分

赤玉ネギ(みじん切り) … 中1/4個分
カシミールチリパウダー … 小さじ2
ターメリックパウダー … 小さじ1/4
コールハープリマサラ(下記参照) … 大さじ2
塩 … 小さじ1～好みの量

*肉は本来ラムやマトンの骨付き(800g程度)を使うが、骨なし肉を使う場合は500～600g程度が必要。ここでは骨付き羊肉の中でも比較的手に入りやすいラムチョップを使った。

準備(A)

1 植物油大さじ1とAの赤玉ネギをフライパンに入れ、弱めの中火で混ぜながら加熱する。玉ネギがやわらかくなり、縁が焦げ茶色になったら、ニンニク、生姜、香菜を加え、ニンニクに火が通るまで混ぜながら加熱し、すべて皿にとり出す。

2 1の粗熱がとれたらミルミキサーに入れ、乾煎りしたココナッツと水100mlを加えてペーストにする。

作り方

3 厚手の鍋にギーと植物油大さじ2、Bを入れて弱めの中火で温める。

4 赤唐辛子が膨らんできたら、赤玉ネギを加え、やわらかく縁が茶色くなるまで混ぜながら加熱する。

5 火を弱めてカシミールチリパウダーを加え、チリパウダーが油となじむまで混ぜながら加熱する。

6 ターメリックとコールハープリマサラを加えてよく混ぜ、スパイスが油となじんだらラムチョップを入れ、混ぜながら弱めの中火で加熱する。

7 肉が白っぽくなったら、2のペーストを加えてよく混ぜ、塩、水200mlを加えて弱めの中火で加熱する。沸騰したら蓋をして火を弱め、肉がやわらかくなるまで煮込む。

＊＊＊＊＊＊＊＊＊＊＊＊＊＊＊＊＊＊＊＊＊＊＊＊＊
・【テンパリング】植物油大さじ2、カシミールチリパウダー大さじ1を小鍋(またはタルカパン)に入れ、弱火でじっくり加熱したものを、7で最後にかけると、更においしい。
＊＊＊＊＊＊＊＊＊＊＊＊＊＊＊＊＊＊＊＊＊＊＊＊＊

● コールハープリマサラ

材料(作りやすい量)

A | コリアンダーシード … 大さじ1
　 | クミンシード … 小さじ1
　 | フェンネルシード … 小さじ1
　 | 黒粒コショウ … 小さじ1
　 | 洗いゴマ(白) … 小さじ1
　 | ▲シャヒジーラ(あれば) … 小さじ1
　 | クローブ … 小さじ1/2
　 | ポピーシード … 小さじ1/4

ココナッツ(生を削ったもの。または
　ココナッツファイン) … 小さじ1と1/2
カシミールチリパウダー … 大さじ2

作り方

1 Aのホールスパイスを乾煎りし、皿にとり出す。

2 ココナッツをキツネ色になるまで乾煎りする。

3 1が常温に冷めたらミルミキサーに入れて粉にし、2を加えて更に攪拌して粉にする。カシミールチリパウダーを加え攪拌する。

【 パン、米料理 】

マハラシュトリアン タリピート

マラティ パラックキチディ

マハラシュトリアン
タリピート
(マハラシュトラの
お好み焼き)

タリピートはマハラシュトリアンの健康食。体によいもの満載の塩味パンケーキ（インドのお好み焼き）です。これには本来5種類ほどの粉を使い、それぞれの粉の異なる栄養が摂れるといわれています。ここでは3種類の粉を使っていますが、家にあるものを組み合わせていただければ大丈夫です。マハラシュトラではキビ粉、ヒエ粉、ムング豆粉、ベサン粉、米粉、アタ粉などを合わせて作ります。またパンケーキの中に入れる材料もウリ科の野菜、葉物、キャベツ、ネギ、ビーツなど、そのときにあるものを加える家庭料理です。本来は指の関節で押すようにして生地をのばし、生地に指の跡をつけるのですが、ここでは火傷をしないようにスプーンを使って簡単にできる方法をご紹介します。

材料（約2〜3人分／6枚分）

A アタ（チャパティ粉）… 1カップ
　 ベサン粉 … 1/2カップ
　 米粉（p.182参照）… 1/2カップ

B コリアンダーパウダー … 小さじ1
　 チリパウダー … 小さじ1
　 ターメリックパウダー … 小さじ1/4
　 ローストクミンシード … 小さじ1
　 アジョワンシード … 小さじ1/4
　 塩 … 小さじ1強

C 玉ネギ（みじん切り）… 1/2カップ
　 キャベツ（みじん切り）… 1カップ
　 ニンジン（目の細かいチーズグレーターで
　　 削る）… 1/4カップ
　 香菜（みじん切り）… 大さじ3
　 青唐辛子（ヘタを除きみじん切り）… 3本分
　 生姜（すりおろし）… 小さじ2
　 ニンニク（すりおろし）… 小さじ2

植物油 … 適量
煎りゴマ（白）… 小さじ1/4強×6枚分

作り方

1　【生地を作る】ボウルにAとBを入れて、手でよく混ぜる。

2　1にCの材料 ⓐ を加えて手でよく混ぜてから ⓑ、5分ほどおく。

3　野菜から水が少し出てくるので更によく混ぜ、水約160mℓを少しずつ加えながら生地をこねていき ⓒ、必要であれば更に少量の水を足して生地を作り ⓓ、6等分にする。

4　【焼く】タワ（p.81参照）を弱めの中火で温め、植物油を適量刷毛でのばす。

5　手に植物油をつけ、3の生地を1つとり出して丸め、4の中央にのせる ⓔ。水をつけたスプーンの背で軽く押すようにしながら手早く広げ、直径16cmほどの円にのばす（ⓕ ⓖ 必要であれば適宜スプーンに水をつける）。

6　5の生地の表面全体に、手早くゴマをふりかけ、蓋をして焼く ⓗ。

7　生地の表面が乾いてきたら裏側を見て、茶色いはん点ができていれば裏返す。植物油小さじ1/4を表面と生地のまわりにかけて蓋をし、下の面にも同様にはん点ができるまで焼く。

8　皿に盛り、コリアンダーチャツネ（p.121参照）やケチャップなどを添える。

マラティ
パラックキチディ
（ホウレン草と豆の
リゾット）

キチディは米と豆を合わせてやわらかく炊いた米料理です。これはかなり古くから食べられていたようで、すでに16世紀のムガル帝国では、君主に仕える者たちによって記録された日々の雑記の中にも、キチディのレシピが7種類ほども記載されていたといいます。皇帝の体調管理が何よりも重要だったこの時代にも、キチディは体のバランスを整えるための大切な食事のひとつとして作られていたようです。そしてこのパラックキチディは、グジャラティのキチディにくらべると、かなりインパクトのある味ですが、とってもおいしいですよ。ホウレン草が1束も入り、ニンニクもたくさん入っていますので、ぜひ健康のためにも召し上がってみてください。

材料（作りやすい量）

バスマティライス … 1カップ
ムングダル（皮むき割り）… 1/2カップ
ホウレン草（葉の部分。ざく切り）… 1束分
玉ネギ（みじん切り）… 中1/2個分
トマト（みじん切り）… 小1個分
ギー … 大さじ1

A | カシアバーク … 1㎝角×3個
   | クローブ … 3個
   | グリーンカルダモン … 2個

クミンシード … 小さじ1
チリパウダー … 小さじ1

B | ガラムマサラ（p.178参照）… 小さじ1/2
   | クミンパウダー … 小さじ1/4
   | ニンニク（すりおろし）… 小さじ1/2
   | 生姜（すりおろし）… 小さじ1/2
   | 塩 … 小さじ1

【テンパリング】

C | ギー … 大さじ1
   | 乾燥赤唐辛子（2つにちぎる）… 1〜2本分
   | ニンニク（薄切り）… 大1粒分
   | カレーリーフ … 1枝分
   | ▲ピーナッツ（生。あれば）
   | … 大さじ1（麺棒でたたく）
   | 青唐辛子（ヘタを除きみじん切り）… 2本分

*2で米と豆を、圧力鍋を使わずに煮る場合は、同様に下処理をした後鍋に入れ、800㎖の水を加えて弱めの中火で加熱する。沸騰したら火を弱めて蓋をし、ときどき混ぜながら、豆が指先でつぶせるくらいにやわらかくなるまで加熱する。必要であれば途中で水を適量加えてもよい。

準備（ホウレン草）

1　ホウレン草は130㎖の水を加え、ミルミキサーでピュレにしておく。

準備（バスマティライス、ムングダル）

2　ムングダルは洗ってから1〜2時間水に浸ける。バスマティライスは洗う。それぞれ水を切り、合わせて圧力鍋に入れ、水600㎖を加える。

3　蓋をして中火で加熱し、沸騰し高圧になったらごく弱火にし、15分加熱する。火を止めて、そのままおいて蒸気を出しきる（加圧時間は圧力鍋による）。米と豆はつぶれるほどやわらかくなっている。

作り方

4　フライパンにギー大さじ1とAを入れて、弱めの中火で加熱する。

5　カルダモンが膨らんできたら玉ネギ、クミンシードを入れて、混ぜながら加熱する。

6　玉ネギがやわらかくなり、縁が茶色くなったら火を弱め、チリパウダーを加えて混ぜる。

7　チリパウダーが油となじんだら、トマトを加え、火を弱めの中火にして混ぜながら加熱する。

8　トマトがペースト状になったらBを加え、混ぜながら加熱してなじませる。

9　3に8と1のホウレン草のピュレを加え ⓐ、混ぜながら加熱し ⓑ、味を調える。

10　【テンパリング】小鍋（またはタルカパン）にCのギーと赤唐辛子を入れ、弱めの中火で温める。赤唐辛子が膨らんできたらニンニク、カレーリーフ（あればピーナッツも）、青唐辛子を加え、ニンニクがキツネ色になったら、9の鍋にすべて入れる。

ムンバイ料理

国際色豊かな大都会ムンバイでは、アイデアあふれる屋台料理や、
この地で進化を遂げた南北のインド料理、漁師町の名残をとどめる
フィッシュカレーなど、バラエティに富んだ料理が楽しめます。

【 屋台料理 】

ボンベイ
サンドイッチ
（屋台のトースト
サンドイッチ）

このサンドイッチはわが家の定番。とてもおいしいので、少し手間はかかりますが、何かにつけて作ります。ムンバイ（ボンベイ）の屋台でもサンドイッチは人気のメニューで、それぞれの屋台が材料を工夫して作りますが、基本はジャガイモとチーズ、コリアンダーチャツネ、チャットマサラの組み合わせです。私も時間のないときにはこの4つで作りますが、これも格別です。チーズはあるものでかまいませんが、私はチェダー、モッツァレラ、グリュイエール、モントレーペッパージャックなどをそのときの気分に合わせて使います。

材料（8切れ分）

食パン（8枚切りまたは10枚切り）… 8枚
バター（無塩）… 小さじ2（常温に戻す）
コリアンダーチャツネ（下記参照）… 小さじ4強
ジャガイモ（メークイン）… 中2個
赤玉ネギ（中）… 1/8個
ピーマン … 1個
トマト（中）… 1個
青唐辛子（ヘタを除き小口切り）… 1本分
チェダーチーズ（チーズグレーターで削る）
　… 1/2カップ
塩 … 好みの量
A　　クミンパウダー … 小さじ1/2強
　　　チリパウダー … 小さじ1/2強
　　　チャットマサラ（p.178参照）
　　　　… 小さじ1/2強
▲ ナイロンセブ（下記参照。あれば好みで）
　　　… 適量

＊ナイロンセブ：チャート（p.60参照）や屋台料理のトッピングとしてふりかける、細いセブ（p.71参照）。家庭でも作れるが、ムルック（生地を押し出す器具）の中には、このナイロンセブ用の細い穴が開いたプレートがついていない場合もあるので、その場合はインド食材店で市販品を購入したほうがよい。

● コリアンダーチャツネ

材料（作りやすい量）

香菜 … 2茎分（約20g）
生姜 … 1カケ（約5g）
青唐辛子 … 1～3本（辛みの強さと好みにより調整）
カシューナッツ … 3個
ローストクミンシード … 小さじ1/8強
甜菜糖 … 小さじ1/8
ヨーグルト … 大さじ1
レモン果汁 … 小さじ2
塩 … 小さじ1/4

＊ヨーグルトの酸味が強い場合は、レモン果汁は少なめにするとよい。

作り方

1　ミルミキサーに材料を順に入れながら攪拌し、ペーストにする。

準備（野菜）

1　ジャガイモはゆでて皮をむき、輪切りにする。赤玉ネギは繊維に沿って薄切りに、ピーマンはヘタと種を除いて輪切りに、トマトはヘタを除き、横半分に切って種を除いてから、縦に薄切りにする。

作り方

2　【 パンに具を挟む 】すべてのパンを台の上にのせ、片面に、バターを小さじ1/4程度ずつぬる。

3　2にコリアンダーチャツネを、小さじ1/2強ずつぬる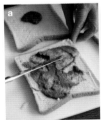。

4　3のうちの4枚に1のジャガイモを敷き詰める。

5　ジャガイモの上に塩を軽くふり、1の赤玉ネギ、トマト、ピーマンを順にのせ、青唐辛子も散らす。

6　5の上にチェダーチーズを敷き詰め、Aのスパイスを小さじ1/8強ずつ順にふりかける。

7　3の具をのせていないパンを、コリアンダーチャツネをぬった側を下にして6に重ねる。

8　【 焼く 】フライパンにバター大さじ1（分量外）を入れて温め、7を2個入れ、フライ返しで押しながら両面ともキツネ色に焼く。残りの2個も同様にする。

9　斜め半分に切って皿にのせ、好みでナイロンセブをふりかけ、熱いうちに食べる。

＊＊＊＊＊＊＊＊＊＊＊＊＊＊＊＊＊＊＊＊＊＊＊＊＊＊＊＊
・上記の赤玉ネギ、ピーマン、トマトの代わりに、ゆでたビーツ（ジャガイモと同量を、ジャガイモと同じ厚さに切る）を使い、同様に作ることもできる（p.120の写真は、このビーツバージョンも一緒に盛り合わせたもの）。
＊＊＊＊＊＊＊＊＊＊＊＊＊＊＊＊＊＊＊＊＊＊＊＊＊＊＊＊

パヴバジ
（パンと食べる
屋台カレー）

ムンバイの街では、たくさんの人が集まってこのパヴバジを頬張る光景が目につきます。パヴ
バジは、パヴなどのパンに汁気のない野菜カレー（バジ）をつけながら食べるものです。おい
しさのポイントはバター。インドのバターといえばアムルバターが有名ですが、どんなバター
であれ、たっぷり使って作るのが本来のパヴバジです。両面焼いたパヴとバター、バジの組み
合わせがとてもおいしいのですが、私はカロリーが気になるのでバターをぬらないこともあり
ます。その代わりにギーを使い、盛り付けるときにバジの上に小さなバターを添えています。
もしパヴが手に入らないときには、ハンバーガーバンズやトーストした食パンで代用すること
もできますよ。そしてトッピングには青唐辛子が絶対に必要。この唐辛子の青臭い爽やかさと
ピリッとした辛みが、バターの香りを引き立てるのです。

材料（3人分）

【バジ】

A
- ジャガイモ（中）… 3個
- ニンジン（小）… 1本
- カリフラワー（小）… 2/3個
- インゲン … 10〜15本程度
- ▲グリンピース（あれば。冷凍を常温に戻す）… 150g（2/3カップ）
- 赤玉ネギ … 大1個（150g）
- トマト … 小4個（450g）

ギー（または無塩バター）… 大さじ2

B
- 乾燥赤唐辛子 … 1本（半分に割る）
- フェヌグリークシード … 小さじ1/8
- クローブ … 2個
- カシアバーク … 1cm角×2個

クミンシード … 小さじ1

ヒング … 小さじ1/2

C
- 生姜（すりおろし）… 大さじ1
- ニンニク（すりおろし）… 大さじ1
- 青唐辛子（みじん切り）… 3本分

チリパウダー … 小さじ1

D
- ターメリックパウダー … 小さじ1
- ガラムマサラ（p.178参照）… 小さじ1
- パヴバジマサラ（p.179参照）… 大さじ4
  （市販品を使う場合は、ようすを見ながら）

塩 … 小さじ1〜好みの量

香菜（みじん切り）… 大さじ2

【パヴバジ】

バジ … 上記の材料で作った量

パヴ（またはハンバーガーバンズ）… 6〜8個程度

ギー（または無塩バター）… 適量（好みにより）

E
- 香菜（みじん切り）… 大さじ3
- 青唐辛子（ヘタと種を除きみじん切り）… 3本分（青唐辛子の辛さにより量は調整）
- 赤玉ネギ（みじん切り）… 小1/3個分
- ライム（またはレモン。絞りやすいように切る）… 適量

＊パヴやハンバーガーバンズがないときは、両面ともしっかり焼いたトーストでもよい。

市販の
パヴバジマサラ

パヴ（つながった状態のものを、ちぎって使う）

準備（A／野菜）

1 Aのジャガイモとニンジンは皮をむき、カリフラワーは小房に分け、インゲンはヘタを除く。すべて、1〜2cm角程度の大きさを目安に切っておくⓐ。

2 赤玉ネギとトマトは、みじん切りにしておくⓐ。

作り方

3 【バジを作る】鍋にギーとBのスパイスを入れて弱めの中火で加熱する。赤唐辛子が膨らんできたら、クミンシードを加える。

4 クミンシードのまわりに泡が立ってきたらヒングを加え、2の赤玉ネギも加え、ときどき混ぜながら加熱する。

5 赤玉ネギがあめ色になり、縁が少し焦げ茶色になったら、Cを加えて混ぜる。

6 ニンニクの香りが立ってきたら、一度火を止めてからチリパウダーを加えて混ぜる。

7 チリパウダーが油とよくなじんだら、2のトマトを加えて混ぜ、中火にかけて加熱する。

8 トマトが崩れはじめたらDのパウダースパイスを加え、混ぜながら加熱する。

9 トマトの水分が飛んでペースト状になりはじめたらⓑ、1の野菜と水700mℓを加えⓒ、弱めの中火で加熱する。

10 インゲンやカリフラワーがやわらかくなったら、塩（あればグリンピースも）を加える。3分ほど煮たら火を止め、マッシャー（またはハンドブレンダー）で、7割ほど野菜をつぶすⓓ。

11 10が水っぽいようであれば、再び弱めの中火にかけ、パンにのせやすい程度まで水分を飛ばし、塩（分量外）で味を調えて、香菜を加える。

12 【パヴバジ】パヴは厚みを半分に切る。フライパンに植物油（またはギーや無塩バター。分量外）を入れて温めたところにパヴを入れ、両面ともキツネ色に焼いた後、切り口にギーを好みの量ぬる。

13 11のバジを、12のパヴ、Eのトッピングとともに盛り付ける。好みでバジに無塩バターを適量のせる。

＊＊＊＊＊＊＊＊＊＊＊＊＊＊＊＊＊＊＊＊＊＊＊＊＊＊

・【食べ方】パヴにバジを好みの量のせ、赤玉ネギ、青唐辛子、香菜も順にのせ、ライムを絞って食べる。

＊＊＊＊＊＊＊＊＊＊＊＊＊＊＊＊＊＊＊＊＊＊＊＊＊＊

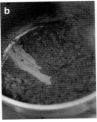

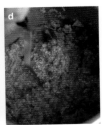

MAHARASHTRA

キーマ パヴ
（キーマカレー
バーガー）

ムンバイの街角に立ち並ぶ露店では、かならず見かけるキーマ パヴ。パヴ（p.123参照）にキーマを挟んだものです。パヴはフカフカの食感のパンで、他のインドのパンとは少し異なる趣ですが、これはポルトガルに起源があるようです。ゴアがポルトガルの領地だった初期に、ポルトガル人がお国で食べていたパンを懐かしがり、ゴアでも西洋のようなパンが作られるようになったといいます。その後いろいろな工夫が重ねられ、現在のパヴも作られるようになりました。このパヴは後にスパイスルートのハブとして栄えたムンバイにも伝わり広まっていきます。そしてこのキーマ パヴは、おもしろいことにムンバイにあるイラン料理のレストランで初めて登場し、広まっていったらしいのです。今でもムンバイにあるイランカフェでは、キーマ パヴが人気メニューで、イラニアンチャイとともに食べられているようです。

材料（8個分）
【キーマ】
A　植物油 … 大さじ2
　　乾燥赤唐辛子 … 1本（半分に割る）
　　フェヌグリークシード … 小さじ1/8
　　クローブ … 5個
　　カシアバーク … 1cm角×4個
　　グリーンカルダモン … 4個

クミンシード … 小さじ1
玉ネギ（みじん切り）… 中1/2個分
チリパウダー … 小さじ1

B　生姜（すりおろし）… 大さじ1
　　ニンニク（すりおろし）… 大さじ1
　　青唐辛子（みじん切り）… 3本分
　　ラム挽き肉（他の好みの挽き肉でもよい）
　　　　… 300g
　　トマト（みじん切り）… 小1個分
　　塩 … 小さじ1

C　カスリメティ … 小さじ1/2
　　ターメリックパウダー … 小さじ1
　　クミンパウダー … 小さじ1
　　ガラムマサラ（p.178参照）… 小さじ1
　　黒コショウ（粗挽き）… 小さじ1
　　香菜（みじん切り）… 大さじ2

【キーマパヴ】
パヴ（p.123参照）… 2×4個*
　（またはハンバーガーバンズ … 4個）
ギー … 好みの量
コリアンダーチャツネ（p.121参照）… 大さじ6
フランキーマサラ（p.130参照）… 好みの量
キーマ … 上記の材料で作った量
D　香菜 … 大さじ2
　　青唐辛子（ヘタと種を除きみじん切り）
　　　　… 3本分
　　赤玉ネギ（みじん切り）… 小1/3個分

＊パヴは2個つながった状態でちぎって使用し、盛り付ける際に2つに切り分けた。

作り方

1　【キーマを作る】フライパンにAを入れて弱めの中火で温める。カルダモンが膨らんできたらクミンシードを加え、まわりに泡が立ってきたら玉ネギを加え、混ぜながら炒める。玉ネギの縁が茶色くなったらチリパウダーも加えてよく混ぜる。

2　チリパウダーが油となじんだら、Bを順に加え混ぜながら加熱する。トマトが崩れ水分が飛んでペースト状になったら、Cを加えて混ぜながら1分ほど炒める。

3　【キーマパヴを作る】パヴは2つがつながった状態のまま、具を挟めるように横に切り込みを入れ、内側に好みの量のギーをぬる。

4　3の内側全体にコリアンダーチャツネを1/4量ずつぬり@、フランキーマサラをふりかけ、片面に2のキーマとDを1/4量ずつのせて⑥ⓒ挟む。

5　フライパンに薄く植物油（分量外）をぬり、4をのせて、フライ返しで軽く押さえながら、両面ともキツネ色になるまで焼く。

6　5をそれぞれ半分に切り分けて皿に盛り、好みで香菜、青唐辛子、赤玉ネギ（すべて分量外）などを添える。

ワダパヴ
（ジャガイモのスパイシーサンド）

バタタワダ（p.111）をパヴに挟んで食べるワダパヴは、ムンバイの屋台料理に欠かせないみんなが大好きなスナックです。スナックとはいいますが、これだけでも十分な食事になると思います。バタタワダを作らなければならないので少々手間はかかりますが、その苦労が報われるほどのおいしさです。そしてこのワダパヴのおいしさの要がガーリックチャツネ。これはお店が繁盛するかしないかの要にもなっていて、ドライのものありペースト状のものありと、それぞれの店で、さまざまな工夫がされています。

材料（8個分）

パヴ（p.123参照）… 8個
　（ワダが挟めるよう横に切り込みを入れておく）
マラティ バタタワダ（p.111参照）… 8個
コリアンダーチャツネ（p.121参照）… 大さじ8
ドライガーリックチャツネ（下記参照）… 小さじ8
青唐辛子 … 8本（素揚げしておく）
バター（無塩）… 適量

作り方

1　フライパンにバターを入れて弱めの中火で温め、パヴの切り目を静かに開き（切れてしまわないように注意する）、切り口を下にしてのせる。手で軽く押さえながら、パヴの内側をカリッとさせ、フライパンからとり出す。

2　1の内側の両面にコリアンダーチャツネをのばし、その上にドライガーリックチャツネをふりかける。

3　バタタワダ@を両手のひらで軽くつぶしてから2のパヴの片側にのせ、素揚げした青唐辛子ものせて挟む。

4　温めておいたフライパンに3を入れ、パヴの両面を軽く焼く（必要であれば、フライパンにバターを入れて焼いてもよい）。

● ドライガーリックチャツネ

材料（作りやすい量）

植物油 … 大さじ1
マスタードシード … 小さじ1/2
カレーリーフ … 1枝分
ニンニク（薄切り）… 大2粒分
ココナッツ（生を削ったもの。または
　ココナッツファイン*）… 大さじ4
カシミールチリパウダー … 小さじ1
　（ない場合はチリパウダー … 小さじ1/2）
塩 … 小さじ1/2

*ココナッツファインを使う場合は、同量のココナッツウォーターまたはココナッツミルクとよく混ぜて24時間おいた後、よく絞ってから使用するとよい。

作り方

1　フライパンに植物油を入れて弱めの中火で温め、マスタードシードを入れる。

2　マスタードシードが弾けはじめたら、カレーリーフを加えて混ぜ、ニンニクを加える。

3　ニンニクに火が通ったらココナッツ、カシミールチリパウダー、塩を加えてよく混ぜ、皿にとり出しておく。

4　3が完全に冷めたら、ミルミキサーで粗挽きにする。

マンチュリアン
（鶏肉のインドチャイナ）

マンチュリアンはインドチャイナの代表的な料理のひとつ
で、中国系のインド人が作ったのが始まりといわれていま
す。カリフラワーを揚げたもので作るゴビマンチュリアン
や、いろいろな野菜をお団子にして作るベジマンチュリ
アンが、ベジタリアン料理として有名ですが、ここでご紹介
するのは鶏肉を使って作るもの。マンチュリアンとは、も
ともと英語で満州を指す言葉ですが、最近はこれを聞いて
皆がまずいちばん初めに思い浮かべるのは、このチキンマ
ンチュリアンではないかと思います。味つけにチリソース
や豆板醤、醤油も使われていますので、とてもなじみやす
い味だと思います。

材料（作りやすい量）

鶏胸肉（一口大の角切り）… 300g（皮をとる）

A 生姜（すりおろし）… 小さじ1/2
　ニンニク（すりおろし）… 小さじ1/2
　チリパウダー … 小さじ1/4
　ガラムマサラ（p.178参照）… 小さじ1/8強
　黒コショウ（粗挽き）… 小さじ1
　塩 … 小さじ1/4
　植物油 … 小さじ1

卵（小）… 1個（溶いておく）

片栗粉 … 大さじ3

植物油 … 大さじ1

B 玉ネギ（2cm角切り）… 小1個分
　ピーマン（2cm角切り）… 大2個分
　　（なるべく肉厚のもの）

C 生姜（みじん切り）… 大さじ1
　ニンニク（みじん切り）… 大さじ1
　青唐辛子（ヘタをとり粗みじん切り）… 2本分
　ガラムマサラ（p.178参照）… 大さじ1（山盛り）
　チリパウダー … 小さじ1/2
　チリソース（p.183参照）… 小さじ1
　豆板醤 … 小さじ1

D チキンスープ … 300ml（顆粒のチキンスープを
　　使う場合は、大さじ1強を300mlの湯に溶かす）
　酢 … 大さじ1
　醤油 … 大さじ1

片栗粉 … 大さじ2（適量の水で溶いておく）

塩 … 適量

香菜（根をとり除き粗めのみじん切り）… 1茎分

作り方

1 【鶏肉を揚げ焼きにする】鶏肉にAを加えてよ
　くもみ込み、鶏肉に吸収させる。

2 1に卵を加えて混ぜ、片栗粉を加えて鶏肉に卵が
　完全に吸収されるまでもみ込む。

3 フライパンに植物油（分量外）を多めに入れて、
　2を揚げ焼きにし、キッチンペーパーの上にとり
　出しておく。

4 【仕上げる】フライパンに植物油大さじ1を入
　れて中火で温め、Bを入れて混ぜながら炒める。

5 玉ネギが透き通ってきたら、Cを順に加え、混ぜ
　ながら炒める。

6 スパイスが野菜になじんできたら、Dを加える。

7 沸騰したら水溶き片栗粉を加え、とろみが出たら
　3の鶏肉を入れ、塩で味を調える。盛り付ける直
　前に、香菜を加えて混ぜる。

＊＊＊＊＊＊＊＊＊＊＊＊＊＊＊＊＊＊＊＊＊＊＊＊＊＊＊＊

・作り方4で、植物油とともに乾燥赤唐辛子1本、クローブ2
　個、カシアバーク1cm角、スターアニス1/8個分を加えると、
　より本格的な味になる。

＊＊＊＊＊＊＊＊＊＊＊＊＊＊＊＊＊＊＊＊＊＊＊＊＊＊＊＊

サブダナワダ
（ジャガイモの
タピオカ揚げ）

タピオカといえば、タピオカティーやスイーツなど、どちらかというと甘いもの、または衣として の使い方を思い浮かべる方が多いと思いますが、このサブダナワダは、タピオカ、ジャガイモ、スパイスを混ぜて作る塩味のスナックです。おいしく仕上げるためには、タピオカの戻し方がとても大事。上手に戻せればあとは簡単に仕上がりますよ。私はそのままいただくのが好きなのですが、チャツネやケチャップをつけてもおいしく召し上がれます。

材料（１６個分）

タピオカ（サブダナ）＊… １カップ

ジャガイモ（中）… ２個

A　　ターメリックパウダー … 小さじ1/4
　　　生姜（みじん切り）… 大さじ１
　　　青唐辛子（みじん切り）… ３本分
　　　レモン果汁 … 小さじ１

ギー … 大さじ１

マスタードシード … 小さじ1/2

B　　カレーリーフ … １枝分
　　　カシューナッツ（袋に入れて
　　　　麺棒で砕いたもの）… 大さじ２
　　　ピーナッツ（生。袋に入れて麺棒で
　　　　砕いたもの）… 大さじ２

C　　コリアンダーパウダー … 小さじ１
　　　チリパウダー … 小さじ1/4
　　　ガラムマサラ（p.178参照）… 小さじ1/8強
　　　香菜（みじん切り）… 大さじ２
　　　塩 … 小さじ1/2〜好みの量

マンゴーパウダー … ひとつまみ
　　　（レモンの酸味により増減）

＊タピオカは、インドのもの（サブダナ）を使用。サブダナ
はサゴヤシのデンプンで作られるタピオカで、中華料理やタ
イ料理食材として売られているキャッサバから作られるもの
とは、質感などが少し異なる。

準備（タピオカ）

1　タピオカはザルに入れて流水をかけてから、ボウルに入れて水を
　　かぶるまで注ぎ、１０分程度浸ける。

2　タピオカが入ったままの状態でボウルの中の水を９割ほど捨て、
　　ラップをして冷蔵庫で一晩ねかせる。

3　翌朝、タピオカが指先で簡単につぶせるようになっていれば ⓐ、
　　スプーンで軽く底からすくうように返しておく（まだ硬い場合は、
　　タピオカがかぶるまで水をはって５分ほどおき、水を切り、上下
　　を返してから３０分ほどおく）。使う前に、ボウルの底に残った
　　水を切っておく。

準備（ジャガイモ）

4　ジャガイモは皮をむき、つぶせるくらいにゆでてから、一口大に
　　切る。

5　大きめのボウルに **4** を入れ、手でもむようにしてつぶしておく。

作り方

6　【 タネを作る 】 **5** のボウルに **3** のタピオカを入れ、タピオカを
　　つぶさないようによく混ぜ ⓑ、A を加えてよく混ぜる ⓒ ⓓ。

7　フライパンにギーを入れて弱めの中火で温め、マスタードシード
　　を入れる。

8　マスタードシード が弾けはじめたら、B を入れる。

9　カシューナッツが色づきはじめたら、火からおろして粗熱をとり
　　ⓔ、**6** のボウルに加える。

10　続けて C も加え ⓕ、酸味を確認してからマンゴーパウダーを加
　　え、よく混ぜる ⓖ。

11　【 成形して揚げ焼く 】 **10** のタネを１６等分し、１個分ずつとっ
　　て丸めてから、手のひらで挟んで軽く押し、直径６cmほどのディ
　　スクを作る ⓗ。

12　フライパンに多めの植物油（分量外）を熱して **11** を入れ、両面
　　がこんがりキツネ色になるまで揚げ焼きにする。

＊＊＊＊＊＊＊＊＊＊＊＊＊＊＊＊＊＊＊＊＊＊＊＊＊＊＊＊＊＊＊＊＊＊

・揚げる際にタピオカが溶けてくっつきやすいので、油は多めにする。
・油に入れたら、底の部分が固まるまでワダを動かさない。

＊＊＊＊＊＊＊＊＊＊＊＊＊＊＊＊＊＊＊＊＊＊＊＊＊＊＊＊＊＊＊＊＊＊

材料（3本分）

チャパティ（ロトリ。p.81参照）＊
　… 大3枚
植物油 … 大さじ1
卵 … 1個（溶いておく）
チリチキン（p.131参照 ⓐ）
　… p.131の材料で作った量
コリアンダーチャツネ（p.121参照）
　… 大さじ6
赤玉ネギ（みじん切り）… 大さじ3
香菜（みじん切り）… 大さじ3
▲青唐辛子（ヘタを除きみじん切り。
　好みで）… 3本分
フランキーマサラ
　チャットマサラ（p.178参照）
　　… 小さじ1/2
　ガラムマサラ（p.178参照）
　　… 小さじ1/8
　チリパウダー … 小さじ1/8
チリケチャップ
　ケチャップ … 大さじ1
　チリパウダー … 小さじ1/2
　ニンニク（すりおろし）… 小さじ1/8

＊チャパティはアタ（チャパティ粉）、または薄力
粉で作ったもの。

フランキーマサラ　　チリケチャップ

チキンフランキー
（鶏肉のチャパティ巻き）

屋台でかならず見かける、クルッと巻いてサッと差し出さ
れるフランキー。屋台料理の中でも、フランキーほど種類
があるものもないでしょう。基本的には平らなパンにチャ
ツネをぬり、その上に鶏肉などの具をのせ、マサラをかけ
て巻いたものです。それぞれの店がそれぞれ自慢のマサラ
を作り、それをパラパラッとかけるのですが、これはなん
だかラーメン屋さんのスープのように味の要となっていて、
これが店の人気を左右するように思えます。ここでは細め
に作りましたが、大きめのチャパティを作り、たっぷり具
をのせて太めに作ったものもおいしいですよ。

1 フランキーマサラとチリケチャップは、それぞれの材料を
混ぜ合わせて作る。

作り方

2 【 チャパティに卵をつける 】フライパンに植物油を入れ
て弱めの中火で温め、チャパティを1枚のせたら、すぐに
溶き卵の1/3をスプーンの背でぬる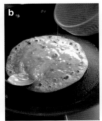。

3 蓋をして、卵が少し固まりはじめたら裏返す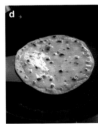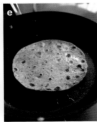。卵
がほぼ固まったら卵のほうを上にして台にとり出す。

4 【 具をのせて巻く 】3の上にコリアンダーチャツネ大さ
じ1強をぬり、1のチリケチャップ小さじ1をところどこ
ろにおいてのばし、1のフランキーマサラ小さじ1/4ほ
どを全面にふりかける。

5 4の手前から5cmほどのところに、チリチキンの1/3量
を横長にのせ、その上に赤玉ネギ大さじ1、香菜大さじ1、
青唐辛子1本分（好みで）をのせる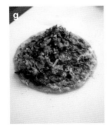。

6 チャパティの手前端を持ち上げ、チリチキンを巻き込むよ
うにして巻いていく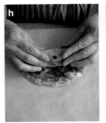。

7 クッキングシートやアルミホイルなどで包む。あと2
本も同様に作る。皿に盛り、残ったコリアンダーチャツネ
を添える。

● チリチキン
（チキンフランキー用鶏肉のスパイス炒め）

チリチキンはこのままおかずとしても食べられますが、チ
キンフランキー用に作る場合は、好みの味よりも少しだけ
塩味を強めにしたほうがおいしく仕上がります。

材料（チキンフランキー3～4本分）
鶏胸肉（そぎ切りにしたものを細く切る）… 300g
A | レモン果汁 … 小さじ1
　 | チリパウダー … 小さじ1/4
　 | 塩 … 小さじ1/4
　 | ヨーグルト … 小さじ2
植物油 … 大さじ1
クミンシード … 小さじ1/2
ヒング … 小さじ1/4
玉ネギ（みじん切り）… 中1/2個分
チリパウダー … 小さじ1/2
B | 生姜（すりおろし）… 大さじ1
　 | ニンニク（すりおろし）… 大さじ1
　 | 青唐辛子（ヘタを除きみじん切り）… 2本分
　 | トマト（みじん切り）… 中1個分
C | コリアンダーパウダー … 小さじ2
　 | ターメリックパウダー … 小さじ1/4
　 | クミンパウダー … 小さじ1/2
　 | ガラムマサラ（p.178参照）… 小さじ1/8
　 | 塩 … 小さじ1/2～好みの量
香菜（みじん切り）… 大さじ3

作り方

1 【 鶏肉を漬け込む 】鶏肉にAのレモン果汁、チ
リパウダーを加えてもみ込んで、5分おいた後、
Aの塩、ヨーグルトを加えてよくもみ込み、おい
ておく。

2 【 スパイスと野菜を加熱する 】フライパンに植
物油を入れて弱めの中火で温め、クミンシードを
入れる。クミンシードのまわりに泡が立ってきた
ら、ヒング、玉ネギを加えて加熱する。

3 玉ネギがやわらかくなり、縁が茶色くなったら、
火をいったん止めてチリパウダーを加え、混ぜて
油となじませる。Bも順に加え、再び弱めの中火
で加熱する。

4 【 鶏肉を加える 】トマトの水分が飛んでペース
ト状になったら、Cを加え、よく混ぜてスパイス
をなじまる。1の鶏肉を入れて混ぜながら加熱す
る（必要なら少量の水を加えてもよいが、水分が
少ないほうがチャパティで包みやすい）。

5 鶏肉に半分火が通ったら香菜を加え、混ぜながら
鶏肉に火が通るまで加熱する。

カティはもともと西インドで作られはじめたわけではなく、西ベンガル州のカルカッタ（コルカッタ）やバングラディッシュの屋台料理として生まれたといわれています。それは、屋台で大きな金串に刺して焼かれた、まだ湯気が出ているアツアツの肉を、金串から外して薄いパンの上にのせ、チャッチャッとトッピングをふりかけ、パンをクルッと巻いたものでした。これはみるみるうちに広まって、ベジタリアン向けの野菜を入れたカティロールも作られるようになりました。今では家庭でも作られる人気のスナックのひとつです。

ベジ カティロール → p.189

プラウンコリワダ
（エビのスパイス衣揚げ）

エビにスパイス入りの生地をからめた揚げ物です。これは
パンジャブ州からムンバイのコリワダに移住してきた人々
の間で生まれた料理で、それがムンバイの漁師料理として
広まり、プラウンコリワダと呼ばれるようになりました。
今では専門店やレストランのメニュー、屋台料理などでも
大変人気があります。家でも簡単に作れるので、ぜひバス
マティライスとともに召し上がってみてください。チャパ
ティで包んだり、サンドイッチやおつまみにしてもおいし
いですよ。魚や他のシーフードでも同じように作れますの
で、試してみてください。

材料（作りやすい量）

エビ（中）… 260g（約14本）

A　生姜（すりおろし）… 小さじ1
　　ニンニク（すりおろし）… 小さじ1
　　ターメリックパウダー … 小さじ1/2
　　カシミールチリパウダー … 小さじ1
　　レモン果汁 … 小さじ1
　　塩 … 小さじ1/2

B　ベサン粉 … 大さじ3
　　片栗粉 … 大さじ1
　▲重曹（あれば）… 小さじ1/2
　　クミンパウダー … 小さじ1/8
　　カシミールチリパウダー … 小さじ1
　　チャットマサラ（p.178参照）… 小さじ1/4
　　塩 … 小さじ1/4

レモン果汁 … 小さじ1
ヨーグルト … 大さじ5
揚げ油（植物油）… 適量

準備（エビ）

1　エビは尾、殻、背ワタを除いて下処理（p.162参照）
　　をしてから、A を加えてよくもみ込み⒜、30分
　　から1時間ほど漬け込んでおく。

作り方

2　ボウルに B を入れて混ぜ⒝、レモン果汁、ヨー
　　グルト、水大さじ1程度（ヨーグルトの水分によ
　　り増減）を加えて混ぜ合わせ、衣を作る⒞。

3　1のエビを 2 に入れてからめてから⒟、180℃
　　に熱した油に入れ、エビに火が通るまで揚げる。

＊＊＊＊＊＊＊＊＊＊＊＊＊＊＊＊＊＊＊＊＊＊＊＊＊＊＊
・赤玉ネギ（薄切り）、香菜（粗みじん切り）、素揚げした甘
　唐辛子などを添えて盛り付けてもよい。
＊＊＊＊＊＊＊＊＊＊＊＊＊＊＊＊＊＊＊＊＊＊＊＊＊＊＊

マチサラン（ボンベイフィッシュカレー）

今でこそ大都市になったムンバイは、かつては漁師の町として栄えていました。もちろん今でも漁は盛んで、マラド、サッソン ドック、ワダラなど、いくつかある魚市場には毎日新鮮な魚が集まります。このフィッシュカレーはそんな漁師町で生まれた、もっとも簡単なカレーです。魚は煮込む時間が少なくてすむので、短時間で作れるのがよいですね。このカレーはもともと、その日にあがった魚を使って作るものなので、ここで作ったソースも、いろいろな魚に合わせることができます。

材料（2人分）

サワラ（または他の好みの魚。切り身）… 大2枚

A
　生姜（すりおろし）… 小さじ2
　ニンニク（すりおろし）… 小さじ2
　ターメリックパウダー … 小さじ1/4

B
　ニンニク（薄切り）… 大1粒分
　生姜（薄切り）… ニンニクと同量
　青唐辛子（ヘタを除きぶつ切り）… 2本分

植物油 … 大さじ3
クミンシード … 小さじ1/2
カレーリーフ … 1枝分
トマト（みじん切り）… 中1個分
チリパウダー … 小さじ1

C
　コリアンダーパウダー … 小さじ2
　クミンパウダー … 小さじ1
　ガラムマサラ（p.178参照）… 小さじ1/2
　フェンネルパウダー … 小さじ1/2

塩 … 小さじ1/2〜好みの量
コクム（またはゴラカ。p.183参照）… 小3個
香菜（みじん切り）… 大さじ3

作り方

1 【 サワラに下味をつける 】サワラは水をかけた後、キッチンペーパーで軽く押さえて水気をとる。3〜4等分に切ってボウルに入れ、A を加えて混ぜておく。

2 【 ソースを作る 】B に大さじ1の水を加え、ミルミキサーでペーストにする。

3 厚手の鍋に植物油を入れて弱めの中火で温め、クミンシード、カレーリーフを入れる。クミンシードのまわりに泡が立ってきたらトマトを加え、混ぜながら加熱する。

4 トマトの水分が飛んでペースト状になったら、2 のペーストを加えて混ぜる。ニンニクの香りが立ってきたら火を止め、チリパウダーを加えてよく混ぜ、余熱でなじませる。

5 4 を強めの弱火にかけ、C を加えて混ぜながら加熱する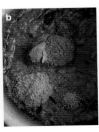。

6 【 サワラを加える 】香りが立ってきたら水300mℓを加え、弱めの中火で混ぜながら加熱する。ソースにとろみが出はじめたら、1 のサワラ、塩、コクム、香菜を入れ、魚に火が通りソースにとろみがつくまで加熱する。

＊＊＊＊＊＊＊＊＊＊＊＊＊＊＊＊＊＊＊＊＊＊＊＊＊＊＊＊＊＊
・ソースに程よい酸味がついたらコクムはとり出す。入れたままにしておくと酸味が強くなりすぎる。
＊＊＊＊＊＊＊＊＊＊＊＊＊＊＊＊＊＊＊＊＊＊＊＊＊＊＊＊＊＊

コランビ ラッサ

MAHARASHTRA

ニハリ

コランビ ラッサ（ボンベイ シュリンプカレー）

コランビはエビのこと、ラッサはカレーを意味します。西海岸沿いのコンカン地域（p.147参照）ではいろいろな種類のエビが捕れますが、これはこの地に住むコンカニ語を話す人々の間で作られ伝わった料理で、現在ではムンバイを代表するエビカレーのひとつとして楽しまれています。実は作り方はとても簡単で、あっという間に仕上がります。このカレーのソースはエビにからむ程度に仕上げるのがコツです。大きくて立派なエビよりもやや小さめのエビで作り、ソースとエビを一緒に口に含むと、最高においしく召し上がれます。

材料（2〜3人分）

小エビ（むきエビ）… 270g

A　生姜（すりおろし）… 小さじ2
　　ニンニク（すりおろし）… 小さじ2
　　ターメリックパウダー … 小さじ1/2
　　レモン果汁 … 小さじ1
　　塩 … 小さじ1/2

B　香菜（みじん切り）… 大さじ3
　　ニンニク（薄切り）… 大3粒分
　　生姜（薄切り）… ニンニクの1/3量
　　青唐辛子（ヘタをとりぶつ切り）… 1〜2本分
　　（青唐辛子の辛さにより量は調整）

植物油 … 大さじ2
クミンシード … 小さじ1
赤玉ネギ（みじん切り）… 中1/2個分
トマト（みじん切り）… 中1個分
カシミールチリパウダー … 小さじ1
マルバニマサラ（下記参照）… 小さじ1
　　（またはガラムマサラ〈p.178参照〉で代用）
ココナッツミルク … 100mℓ
コクム（またはゴラカ。p.183参照）
　　… 2個
塩 … 適量

作り方

1 小エビは A を加えてよくもみ込み、おいておく。

2 B は水大さじ2を加え、ミルミキサーでペーストにしておく。

3 フライパンに植物油とクミンシードを入れて、弱めの中火で加熱する。

4 クミンシードのまわりに泡が立ってきたら、赤玉ネギを加えて混ぜながら加熱する。赤玉ネギが透き通って縁が茶色くなりはじめたら、カシミールチリパウダーを加えて混ぜ、油となじませる。

5 トマトを加え、トマトの水分が飛びペースト状になったらマルバニマサラを加え、混ぜながら加熱する **a**。

6 2 のペースト、ココナッツミルク、コクム、水 400mℓ を加え **b** **c**、5分ほど蓋をして加熱する。1 の小エビを入れて **d** 火が通るまで加熱し、塩で味を調える。

＊＊＊＊＊＊＊＊＊＊＊＊＊＊＊＊＊＊＊＊＊＊＊＊＊
・酸味が強くなりすぎないように、コクムはちょうどよい酸味になったらとり出しておく。
・【テンパリング】植物油大さじ1、マスタードシード小さじ1/2、カレーリーフ1枝分、カシミールチリパウダー小さじ1/2でテンパリングし（やり方は p.45 参照）、6 の最後に加えると更においしい。
＊＊＊＊＊＊＊＊＊＊＊＊＊＊＊＊＊＊＊＊＊＊＊＊＊

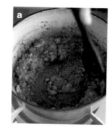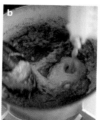

● マルバニマサラ

マハラシュトラで伝統的に使われているミックススパイスです。このマサラはシーフードと特に相性がよく、ガラムマサラのようにさまざまな料理に使えます。

材料（約小さじ5杯分）

A　コリアンダーシード … 小さじ2
　　黒粒コショウ … 小さじ1
　　フェンネルシード … 小さじ1
　　クミンシード … 小さじ1
　　クローブ … 2個
　　カシアバーク … 1cm角×3個

カシミールチリパウダー … 大さじ1
　　（またはチリパウダー … 小さじ1強）

作り方

1 フライパンに A のホールスパイスをすべて入れて、弱火で加熱する。コリアンダーシードがはねはじめたら、すぐにすべて皿にとり出しておく。

2 常温に冷めたらミルミキサーに入れて粉にし、カシミールチリパウダーを加えて混ぜ、密閉容器に入れて常温で保存する。

ニハリ
（滋養スープ）

ニハリは肉、骨、骨髄を長時間煮込んで作るシチューです。特に極太の骨が入り、骨髄が主役になるものはナリニハリと呼ばれます。これは催事に出す特別な料理として、また、まだ日も出ない時刻に終了するイスラム教徒の礼拝の後の朝食としても食べられています。一説によると、ニハリはムガル帝国時代の終盤に、アワドにあった宮廷で皇帝のため作られたのが始まりとされています。まだ薄暗い早朝に礼拝を済ませた皇帝が、最初に召し上がった食事がこれでした。監視人を立てた厳重な警戒のもと、誰も入室できない宮廷内の調理場で、選ばれたシェフが夜通しで8時間ほどかけ、弱火でじっくり煮込んで作ったそうです。皇帝が召し上がった後の残りのニハリは臣下や労働者層が食べ、そのまま夜まで何も食べずに仕事に励んだようです。そんな滋養の高さから、現在も、風邪や熱があるときなどに、薬代わりに食べる習慣もあります。現地では、ナンやカミーリロティというイーストを使ったパンとともに食べられます。

材料（作りやすい量）

鶏骨付きモモ肉（ぶつ切り）＊ … 600g

植物油 … 大さじ1

ギー（なければ溶かし無塩バター）… 大さじ2

ブラックカルダモン … 1個

赤玉ネギ（くし形に薄切り）… 中1個分

A｜ 生姜（すりおろし）… 大さじ1（山盛り）
　｜ ニンニク（すりおろし）… 大さじ1（山盛り）

カシミールチリパウダー … 小さじ2

B｜ コリアンダーパウダー … 小さじ2
　｜ ターメリックパウダー … 小さじ1/2
　｜ ニハリマサラ（p.179参照）… 小さじ2強
　｜ 塩 … 小さじ1

ヨーグルト … 1カップ

小麦粉 … 大さじ2（水1/2カップで溶いておく）

ニハリマサラ（p.179参照）… 小さじ2

＊肉は鶏手羽元や、ラム肉、牛肉など他の好みの骨付き肉を使ってもよい。

作り方

1 【ベースを作る】フライパンに植物油とブラックカルダモンを入れて中火で温め、赤玉ネギを入れてじっくり加熱する。赤玉ネギの縁が焦げ茶色になったらAを加え、混ぜながら加熱する。

2 ニンニクの香りが立ってきたら火を止め、カシミールチリパウダーを加え、2分ほど混ぜながら余熱で油となじませる。

3 【肉を煮込む】圧力鍋にギーを入れ、弱火でじっくり温めた後、鶏肉を入れ、混ぜながら弱めの中火で加熱する。

4 3の肉が白っぽくなったら、2を加えて混ぜ（2のフライパンは、洗わずにそのままおいておく）、Bも加えて混ぜる。

5 Bが鶏肉となじんだら一度火を止めてヨーグルトを加えて混ぜ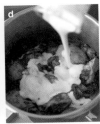、鶏肉になじませる。

6 水600mlを加え、圧力鍋の蓋をして弱めの中火にかける。沸騰し高圧になったらごく弱火にし、20分加熱する。火を止めて、そのままおいて蒸気を出しきる（加圧時間は圧力鍋による）。

7 蓋を開け、弱めの中火にかけて、2で使用したフライパンに水200mlを加えてすすいだものも加え、蓋（一般的な鍋蓋）をして加熱する。煮立ったら、水溶きの小麦粉を混ぜながら加え、ニハリマサラ小さじ1も加え、混ぜながら更に5分ほど加熱する。

＊＊＊＊＊＊＊＊＊＊＊＊＊＊＊＊＊＊＊＊＊＊＊＊＊＊＊＊＊＊

・圧力鍋がない場合は、厚手の鍋でじっくり肉がやわらかくなるまで煮込めば同様に作れる。
・肉にヨーグルト大さじ1、ニハリマサラ小さじ1（分量外）をもみ込み、1日漬け込んだものを使うとよりおいしくなる。
・器に盛り付けてから、香菜（みじん切り）、生姜（せん切り）、青唐辛子（薄い輪切り）、ライム（12等分のくし形切りを横半分に切る）を好みの量トッピングしてもよい。

＊＊＊＊＊＊＊＊＊＊＊＊＊＊＊＊＊＊＊＊＊＊＊＊＊＊＊＊＊＊

ラム スッカ

MAHARASHTRA

コラプリ チキン

ラム スッカ
（ラムのマサラがらめ）

スッカにはもともとドライという意味があり、マサラをからめたソースのない料理を呼ぶときにも使われます。その中でもここムンバイ近辺で特に有名なのがコリスッカです。これはその名のとおり鶏肉（コリ）で作るのが一般的ですが、ここではラム肉を使って作ってみました。このレシピではコールハープリマサラを使いますが、タマリンドのほどよい酸味とのコンビネーションが、おいしさの要になっています。鶏肉でも作れますが、まずはラムの薄切り肉を使って試してみてください。ご飯もパンも進みます。

材料（2〜3人分）

ラム肉（薄切り。一口大に切る）… 300g
A｜ 生姜（すりおろし）… 小さじ1
　｜ ニンニク（すりおろし）… 小さじ1
　｜ コールハープリマサラ（p.115参照）
　｜ 　… 小さじ1
　｜ ヨーグルト … 大さじ2
　｜ レモン果汁 … 小さじ1
B｜ 植物油 … 大さじ1
　｜ 玉ネギ（薄切り）… 小1個分
　｜ コールハープリマサラ（p.115参照）
　｜ 　… 大さじ3
　｜ タマリンドパルプ（p.183参照）… 大さじ2
　｜ 　（または市販のタマリンドペースト
　｜ 　… 小さじ1）
植物油 … 大さじ2
マスタードシード … 小さじ1/2
カレーリーフ … 1枝分
玉ネギ（みじん切り）… 小1/2個分
カシミールチリパウダー … 小さじ1
　（またはチリパウダー … 小さじ1/2）
ジャガリー（p.183参照。または甜菜糖）
　… 小さじ1/4弱〜
　（好みにより酸味とバランスをとる）
塩 … 小さじ1

準備 （ラム肉）

1 ラム肉はボウルに入れ、A を加えてもみ込む。ラップをして冷蔵庫に入れ最低でも2時間、できれば1日ほど漬け込んでおく。

準備 （B／マサラペースト）

2 フライパンに B の植物油と薄切りの玉ネギを入れ、弱めの中火で混ぜながら加熱する。玉ネギがやわらかくなって透き通り、縁が茶色くなったら、皿にとり出しておく。

3 2 が常温に冷めたらミルミキサーに入れ、コールハープリマサラ、タマリンドパルプ、水大さじ2を加えて攪拌し、ペーストにする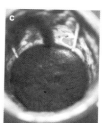。

作り方

4 フライパンに植物油大さじ2を入れて弱めの中火で温め、マスタードシードを入れる。マスタードシードが弾けはじめたらカレーリーフを加え、混ぜながら加熱する。

5 マスタードシードの音がおさまったら、みじん切りの玉ネギを加え、玉ネギが透き通り縁が茶色くなりはじめたら火を止め、カシミールチリパウダーを加える。

6 チリパウダーが油となじんだら、**1** のラム肉を加え、混ぜながら加熱する。

7 ラム肉が白くなりはじめたら、**3** のマサラペースト、ジャガリー、塩を加えて肉にからめるように混ぜ、肉に火が通り、水分が肉にからみつく程度に蒸発するまで加熱する。

コラプリ チキン
(コールハープルの
チキンカレー)

マハラシュトラ州の一都市であるコールハープルは、養鶏が盛んな場所で、100軒以上もの養鶏場があります。ここで鶏肉料理といえば、まず初めにこのコラプリ チキンが挙げられます。郷土料理のひとつですね。実はマハラシュトラ州の中でも、そしてインド料理全体でみても、コールハープル地域の料理は一般的に辛みが強いといわれています。唐辛子の生産量も多く、地域名産の唐辛子もあるコールハープルの人々にとって、この辛さはなくてはならない刺激ともいわれますが、この料理は辛いだけでなく、白ゴマやポピーシードなどのコクも加わり、鶏肉カレーの醍醐味も感じられる一品だと思います。

材料（3人分）

鶏モモ肉（骨付きまたは骨なし）… 400g
　（皮を除き大きめの一口大に切る）

A
　コリアンダーシード … 小さじ2
　クミンシード … 小さじ1
　グリーンカルダモン … 4個
　ブラックカルダモン … 1個
　黒粒コショウ … 小さじ1/4
　クローブ … 3個
　カシアバーク … 1㎝角×2個
　ポピーシード … 小さじ1
　洗いゴマ（白）… 小さじ2
　ココナッツ（生を削ったもの。
　　またはココナッツファイン*）… 大さじ2

B
　カシミールチリパウダー … 小さじ2
　ターメリックパウダー … 小さじ1/4
　ナツメグパウダー … 小さじ1/4
　メースパウダー … 小さじ1/4
　ヒング … 小さじ1/8

C
　レモン果汁 … 小さじ2
　生姜（すりおろし）… 小さじ2
　ニンニク（すりおろし）… 小さじ2

植物油 … 大さじ1＋大さじ1
赤玉ネギ（薄切り）… 中1/2個分
生姜（みじん切り）… 小さじ2
ニンニク（みじん切り）… 小さじ2
トマト（みじん切り）… 小1個分
青唐辛子（ヘタをとり横半分に切ったものを、
　縦に4等分に切る）… 1〜3本分
塩 … 小さじ1/2〜好みの量
香菜（みじん切り）… 大さじ2

＊ココナッツファインを使う場合は、コクを加えるために、
作り方6でココナッツミルク大さじ1〜2を加えるとよい。

準備 （A・B／マサラ）

1　Aを乾煎りして皿にとり出し、常温に冷めたらミルミキサーで粉にする。Bを加えて混ぜておく。

準備 （鶏肉）

2　鶏肉はCのレモン果汁を加えて混ぜた後、Cの生姜とニンニクも加え、もみ込んでおく。

3　1のマサラから大さじ1をとり、2の鶏肉に加えてよくもみ込み、最低でも30分、できれば前日から漬け込んでおく。

作り方

4　フライパンに植物油大さじ1と赤玉ネギを入れ、弱めの中火で混ぜながら加熱する。

5　赤玉ネギの縁が茶色くなったら、生姜とニンニクを加え、ニンニクの香りが立ってきたら火を止める。

6　5と1の残りのマサラ、水100㎖をミルミキサーでペーストにする。

7　厚手の鍋に植物油大さじ1を入れて弱めの中火で温め、トマトを入れて混ぜながら加熱する。

8　トマトが崩れてペースト状になったら青唐辛子、3の鶏肉を入れる。鶏肉の表面が白っぽくなったら、6のペーストを加える。

9　スパイスが油となじんだら、水200㎖、塩、香菜を加える。沸騰したら蓋をして、ときどき混ぜながら鶏肉がやわらかくなるまで加熱する。

コンカニ料理

海岸線に沿って広がるコンカン地域の料理。この地域では、数種の
スパイスと野菜を合わせて作るウェットマサラが多用されます。こ
れは、ココナッツを使っているのに、それだけではないパンチのあ
る味を作る要となり、ここだけの特別な味わいを作り出しています。

【 カレー、ダル、スープ 】

ティスリャンチィ カルバン

コランビ カルバン

ティスリャンチィ カルバン （アサリの コンカニカレー）

マハラシュトラの西海岸コンカン地域（p.147参照）では、日本と同じように貝のシーズンになると浜辺に貝を拾う人々の姿が見られます。おもな貝は3種類ほどあるようですが、アサリに似ている小さめの貝（ティスリチャ）が、もっともよく食べられているようです。というのも他の貝は、食後に胃が痛くなるという方もいるほど硬いためです。2枚貝は、身のついていないほうの殻をとり除いてから使ったり、身だけを使ったりすることもあります。

材料（2～3人分）

アサリ（小） … 600g（砂抜きする）

植物油 … 大さじ1＋大さじ1＋大さじ1

A ┃ コリアンダーシード … 大さじ1
　┃ 黒粒コショウ … 小さじ1
　┃ バスマティライス … 小さじ2

トマト（ヘタと種を除きざく切り） … 小1個分

ココナッツ（生を削ったもの。または
　ココナッツファイン*） … 1/2カップ

B ┃ クミンシード … 小さじ1/2
　┃ カレーリーフ … 1枝分
　┃ ニンニク（薄切り） … 大2粒分
　┃ 赤玉ネギ（みじん切り） … 大1/2個分

C ┃ チリパウダー … 小さじ1
　┃ マルバニマサラ（p.138参照）* … 小さじ1

ココナッツクリーム … 大さじ3
　（またはココナッツミルク … 100㎖）

コクム（またはゴラカ。p.183参照） … 3個
　（コクムの酸味により増減）

▲ 塩 … 適量（必要なら）

*ココナッツファインを使う場合は、同量のココナッツウォーターまたはココナッツミルクとよく混ぜて24時間おいた後、よく絞ってから使用するとよい。
*マルバニマサラがなければ、ガラムマサラ（p.178参照）で代用する。

準備（アサリ）

1 厚手の鍋に砂抜きしたアサリと水200㎖を入れて蓋をし、弱めの中火で加熱する。殻が開いたらⓐ、アサリと汁を分けておく。

準備（マサラペースト）

2 フライパンに植物油大さじ1とAを入れ、コリアンダーシードが弾けるまで弱めの中火で加熱しⓑ、皿にとり出しておく。

3 2が常温に冷めたらミルミキサーに入れ、トマト、ココナッツ、水大さじ3を加えてⓒ攪拌し、ペーストにしておく。

準備（B／玉ネギペースト）

4 フライパンに植物油大さじ1とBのクミンシードを入れて、弱めの中火で加熱する。クミンシードのまわりに泡が立ってきたらカレーリーフ、ニンニク、赤玉ネギを加え、弱めの中火で加熱するⓓ。

5 赤玉ネギが透き通って縁が茶色くなってきたらⓔ、水大さじ3を加えミルミキサーでペーストにするⓕ。

作り方

6 フライパンに植物油大さじ1とCを入れ、混ぜながら弱めの中火で加熱するⓖ。

7 スパイスと油がなじんだら、3のマサラペースト、5の玉ネギペーストを加えて混ぜⓗ、1のアサリから出た汁、水100㎖も加え ⓘ、5分ほど蓋をして加熱する。

8 ココナッツクリームとコクムを加え ⓙ、3分ほど蓋をして加熱した後ⓚ 1のアサリを入れ、味を見て必要なら塩で味を調える。

・コクムは長い間ソースの中に入れておくと酸味が強くなりすぎるので、ちょうどよい酸味になったところで、とり出しておくほうがよい。

コランビ カルバン（コンカニ シュリンプカレー）

コンカン地域（下記参照）で、とてもよく食べられているエビカレーです。このあたりでは地域柄でしょうか、シーフードは食べるペコスベジタリアンや、加えて乳製品も食べるラクトペコスベジタリアンが多いのも特徴です。コランビ カルバンは、ココナッツを使ってはいますが、さまざまなスパイスのパンチも同時に楽しめる奥深い味のカレーです。2つの異なるペーストを作り、それを合わせて作りますが、そのひとつである玉ネギペーストは、多めに作って冷凍しておくと、他のカレーを作るときにも使えるので重宝します。ペーストを大きめのジップロックに入れて、なるべく薄く平たくのばしてから冷凍すると、割りながら使用できるので便利ですよ。

材料（2〜3人分）

エビ（中） … 250g

A
| 生姜（すりおろし） … 小さじ1
| ニンニク（すりおろし） … 小さじ1
| ターメリックパウダー … 小さじ1/2
| 塩 … 小さじ1/2

B
| 植物油 … 大さじ1
| コリアンダーシード … 大さじ1
| ココナッツ（生を削ったもの。または
| ココナッツファイン） … 1/2カップ
| バスマティライス … 小さじ2

C
| 植物油 … 大さじ1
| クミンシード … 小さじ1
| カレーリーフ … 1枝分
| 赤玉ネギ（みじん切り） … 中1/2個分
| ニンニク（薄切り） … 大1粒分

D
| 植物油 … 大さじ1
| カシミールチリパウダー … 小さじ1
| マルバニマサラ（p.138参照） … 小さじ2
| （またはガラムマサラ〈p.178参照〉
| 大さじ1で代用）

ココナッツミルク … 大さじ2

コクム（またはゴラカ。p.183参照） … 3個
  （コクムの酸味により増減）

塩 … 小さじ1/2強〜適量

準備（B／マサラペースト）

1 フライパンにBの植物油とコリアンダーシードを入れて、弱めの中火で加熱する。コリアンダーシードが弾けはじめたら、ココナッツとバスマティライスを入れ、弱めの中火で加熱する。

2 ココナッツが茶色くなったらすべて皿にとり出し、常温に冷めてから、水80㎖を加え㋐、ミルミキサーでペーストにしておく。

準備（C／玉ネギペースト）

3 フライパンにCの植物油とクミンシードを入れて、弱めの中火で加熱する。

4 クミンシードのまわりに泡が立ってきたら、カレーリーフを入れて30秒ほど加熱し、赤玉ネギを入れる。赤玉ネギが透き通り緑が茶色くなってきたらニンニクを加える。ニンニクに火が通ったらすべてミルミキサーに入れ、水80㎖を加えてペーストにする。

作り方

5 エビは尾、殻、背ワタを除いて下処理（p.162参照）をしてから、Aを加えて㋑よくもみ込み、おいておく。

6 厚手の鍋にDを入れ、弱めの中火で混ぜながら加熱する。

7 スパイスと油がなじんだら、2のマサラペースト、4の玉ネギペースト、ココナッツミルク、コクム、水600㎖、塩を入れ、5分ほど蓋をして加熱する。

8 7に5のエビを入れ、火が通るまで加熱する。

＊＊＊＊＊＊＊＊＊＊＊＊＊＊＊＊＊＊＊＊＊＊＊＊＊＊＊＊＊
・コクムは長い間ソースの中に入れておくと酸味が強くなりすぎるので、ちょうどよい酸味になったところで、とり出しておくほうがよい。
＊＊＊＊＊＊＊＊＊＊＊＊＊＊＊＊＊＊＊＊＊＊＊＊＊＊＊＊＊

● こぼれ話

コンカン地域とは、西をアラビア海、東をデカン高原に囲まれたインド中西部の海岸線に沿った地域のことをいいます。古くはマハラシュトラ州からゴア州までを指していたこともあるので、その地の料理が混在していたことも、おもしろい特徴です。

バリバジ

コンカニ コロンボ

一見すると南インドのラサムのようですが、これはコンカニ料理で、もともとはコンカン地域のサラスワット ブラミン（＊）の間で継承されてきたものです。ラサムのような見かけとテクスチャーですが、ココナッツが入り、クミンと黒コショウのパンチが効いた味でとてもおいしいですよ。

＊サラスワット ブラミン：インドのカースト制度の司祭・僧侶階級をブラミン（ブラーフミン、バラモン）と呼び、特に北インドのカシミールから西インドのコンカン地域や南インドに移住してきたブラミンを、サラスワット ブラミンと呼ぶ。

ジーラペッパーカディ　→ p.190

バリバジ
（ツールダルと
ホウレン草のダル）

バジは調理した野菜と生の野菜の両方を指します。これはもともとゴアの隣カルナータカ州の料理ですが、マハラシュトラの家庭料理としても作られるようになりました。わが家でもニンニクを入れるときと入れないときがありますが、やはり入れたほうがおいしさは際立ちますので、週末にでも、どうぞ思い切ってたくさん入れて作ってみてください。

材料（作りやすい量）

ホウレン草 … 1束

ツールダル … 1/2カップ

ターメリックパウダー … 小さじ1/2

植物油 … 大さじ1＋大さじ1

A｜乾燥赤唐辛子 … 3本
　｜コリアンダーシード … 大さじ1
　｜クミンシード … 小さじ1/2

ココナッツ（生を削ったもの） … 1/2カップ
　（またはココナッツファイン＊ … 1/3カップ）

赤玉ネギ（粗みじん切り） … 中1/2個分

トマト（粗みじん切り） … 小1個分

B｜塩 … 小さじ1～好みの量
　｜タマリンドパルプ（p.183参照） … 大さじ2
　｜ジャガリー（p.183参照） … 小さじ1/2

【テンパリング】

C｜植物油 … 大さじ1
　｜ニンニク（皮をむきざく切り）
　｜　… 特大1粒分～好みの量
　｜マスタードシード … 小さじ1
　｜カレーリーフ … 1枝分

＊ココナッツファインを使う場合は、同量のココナッツウォーターまたはココナッツミルクとよく混ぜて24時間おいた後、よく絞ってから使用するとよい。

準備（ホウレン草）

1 ホウレン草は、葉も茎も5cm長さに切っておく。

準備（ツールダル）

2 ツールダルは洗って水を切り、600mlの水に浸けて2時間ほどおく。浸けた水ごと鍋に入れ、ターメリックを加えて火にかけ、指先でつぶせるほどやわらかくなるまで煮て、そのままおいておく（a）。

準備（マサラペースト）

3 フライパンに植物油大さじ1とAを入れ、コリアンダーシードが軽く色づくまで混ぜながら加熱し（b）、皿にとり出しておく。

4 3が常温に冷めたら、ココナッツと水90mlを加えてミルミキサーでペーストにする（c）（d）。

作り方

5 フライパンに植物油大さじ1と赤玉ネギを入れ、弱めの中火で混ぜながら加熱する。

6 赤玉ネギがやわらかく、縁が少し茶色くなったら、トマトを加え（e）、トマトがペースト状になるまで混ぜながら加熱する（f）。

7 2のツールダルの鍋に4のマサラペースト、6、Bを入れ（g）、ハンドブレンダーでなめらかなソース状にする。

8 7に1のホウレン草を加え（h）、蓋をしてときどき混ぜながら弱めの中火で加熱する。ホウレン草がしんなりしたら火を止める。

9 【テンパリング】小鍋（またはタルカパン）にCの植物油とニンニクを入れて弱めの中火で温める。ニンニクの香りが立ってきたらマスタードシードを加え、マスタードシードが弾けはじめたらカレーリーフを加える。カレーリーフに火が通ったら8の鍋に加える（i）。

コンカニ コロンボ
（コンカニの
ココナッツ
サンバール）

豆と野菜を煮込んで作るサンバールです。南インドのサンバールにはあまり入れないココナッツが入っています。本来は日本で手に入らないドラムスティック（ドルカチャディー）やウリ科のインドの野菜を使って作るのですが、ここでは日本で手に入りやすい身近な食材で作りました。使用するタマリンドの色や赤唐辛子の量により、仕上がりの色は多少変わります。最近はインド食材店やインド人が多く住んでいる地域で、インド野菜をときどき見かけますので、もし入手できたら、それを使ってみるのも楽しいと思います。

材料（3～4人分）

ツールダル … 1/2カップ
ターメリックパウダー … 小さじ1/4
植物油 … 大さじ1

A	ウラダル（皮むき割り）… 小さじ1
	チャナダル … 小さじ1
	乾燥赤唐辛子 … 3本
	（好みにより減らしてもよい）
B	コリアンダーシード … 大さじ1
	クミンシード … 小さじ1
	クローブ … 3個
	フェヌグリークシード … 小さじ1/8
	黒粒コショウ … 小さじ1/2
C	ターメリックパウダー … 小さじ1/2
	ココナッツ（生を削ったもの）… 1/2カップ
	（またはココナッツファイン* … 1/3カップ）
	トマト（ざく切り）… 小1個分
	タマリンドパルプ（p.183参照）… 大さじ3
	塩 … 小さじ1～好みの量
D	ナス（大）… 1本
	インゲン … 6本

【テンパリング】

E	植物油 … 大さじ1
	マスタードシード … 小さじ1
	ヒング … 小さじ1/4弱
	カレーリーフ … 1枝分

＊ココナッツファインを使う場合は、同量のココナッツウォーターまたはココナッツミルクとよく混ぜて24時間おいた後、よく絞ってから使用するとよい。

準備（ツールダル）

1　ツールダルは洗って水を切り、600mℓの水に2時間ほど浸けておく。浸けた水ごと厚手の鍋に入れ、ターメリックを加えて弱めの中火にかけ、沸騰したら蓋をして弱火にし、やわらかくなるまで煮る。火を止めてハンドブレンダーでペースト状にしておく。

準備（野菜）

2　Dのナスはヘタを除き大きめの一口大に、インゲンは3cm長さほどに切る。インゲンは下ゆでしておく。

作り方

3　フライパンに植物油大さじ1を入れて弱めの中火で温め、Aを入れ混ぜながら加熱する。Bを順に加えながら混ぜ⒜、クミンシードが茶色くなったら、すべて皿にとり出しておく。

4　3が常温に冷めたらミルミキサーに入れ、Cと水150mℓを加えてペーストにする⒝⒞。

5　1のツールダルの鍋に2の野菜と4のペーストを入れ⒟、必要なら水も適量加え、蓋をして火にかけ一煮立ちさせる。

6　【テンパリング】小鍋（またはタルカパン）にEの植物油を入れて弱めの中火で温め、マスタードシード、ヒングを入れる。マスタードシードが弾けはじめたらカレーリーフを加え、カレーリーフに火が通ったら、5の鍋にすべて入れる⒠。

  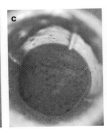  

【 デザート 】

バナナ スージ カ ハルワ（ギーとミルクのバナナデザート）

スージ カ ハルワは、場所によってはシーラとも呼ばれますが、スージにギーとミルクを加えて作る簡単なデザートです。インドではどんな来客にでも、せめてお水を、せめてお茶でもともてなす習慣があり、それはまるで昭和の時代の日本のようで、どこか懐かしくもあります。そんなときに、作りおいたこのような簡単なお菓子を出したりもします。それぞれの家庭でギーの量やナッツ、ドライフルーツなどの種類に違いがあり、それがまた楽しいのです。スージはインド食材店やネットでも購入することができます。

材料（作りやすい量）

完熟バナナ … 1本（約150g）
スージ（大粒セモリナ）… 1/2カップ
ギー … 大さじ4
グリーンカルダモン … 5個（つぶす）
牛乳 … 300㎖
グラニュー糖 … 大さじ4
A｜ カシューナッツ … 大さじ2
　｜ ドライクランベリー … 大さじ1（山盛り）
　｜ グリーンレーズン（またはレーズン）… 大さじ1
B｜ カルダモンパウダー … 小さじ1
　｜ ▲ローズウォーター（あれば）… 大さじ1（好みで）

準備（スージ）

1 フライパンにスージを入れ、強めの弱火でゆっくりと混ぜながら加熱する。香りが立って色が濃くなりはじめたら、皿に移して常温に冷ます。

作り方

2 ボウルにバナナを入れ、フォークで粗くつぶす（塊が少し残っていても、調理している間につぶれる）。

3 フライパンにギーとグリーンカルダモンを入れ、弱火で加熱する。

4 カルダモンが膨らんできたら、Aを加え、混ぜながら加熱する。レーズンが膨らんできたら火を止めて、すべて皿にとり出す。

5 4のフライパンに、1のスージを入れ、弱めの中火で混ぜながら2分ほど加熱する。

6 5に水200㎖を加えて混ぜる。とろっとしてきたら牛乳、グラニュー糖を加え、混ぜながら5分ほど加熱する。

7 2のバナナペースト、4とBを加え、混ぜながら更に加熱する。

8 ひと塊になってヘラとともに動くようになったら、火からおろして器に盛り付ける。

＊＊＊＊＊＊＊＊＊＊＊＊＊＊＊＊＊＊＊＊＊＊＊＊＊＊＊＊＊

・スージの保存法については、p.52参照。
・バナナの熟しぐあいが足りないと、フォークでつぶしてもペーストにならない。その場合はミルミキサーでペーストにしてもよいが、完熟したもののほうがおいしく仕上がる。
・ここではそのまま器に盛り付けたが、少し硬めに作って型に入れ、冷めてから切り分けることもできる。

＊＊＊＊＊＊＊＊＊＊＊＊＊＊＊＊＊＊＊＊＊＊＊＊＊＊＊＊＊

Panaji
•Goa

ゴア州
GOA

AFONSO DE
ALBUQUERQUE

ゴア料理 P.154-175
ポルトガルと南インド料理のエッセンスが加わった斬新な料理

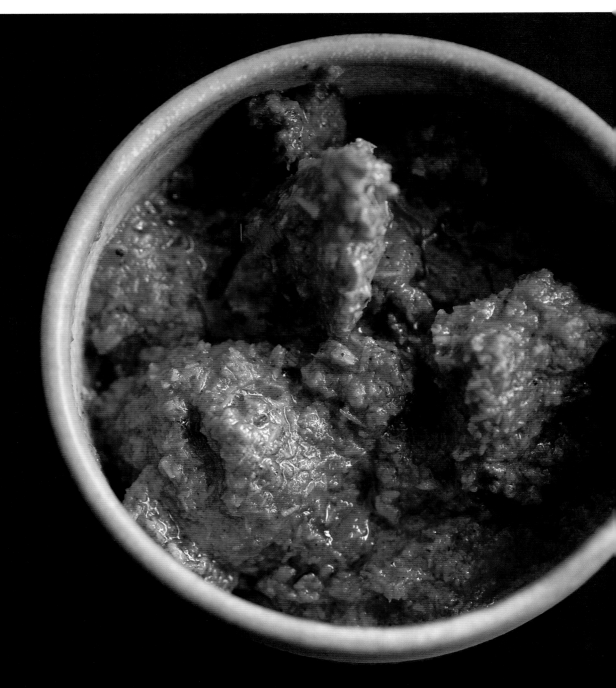

ゴア料理

ポルトガルと共存してきた影響は、料理にも随所に見られます。
酢を使う習慣もそのひとつ。そこから生まれた独特のカレーや
斬新な料理だけでなく、モンスーン気候に寄り添った料理や、
南インドと共通する料理など、ひと味違う食文化と味が楽しめ
ます。

【 カレー 】

チキンシャクティ（シャクティマサラで作るチキンカレー）

シャクティマサラを使って作るチキンカレーです。このマサラは、漁師が獲った魚を手軽に調理できるように作られたもの。漁の合間に、獲った魚にこのマサラをまぶしておき、調理したそうです。魚の場合には必要はありませんが、鶏肉を使った場合は、漬け込みに十分な時間をとること。また作ってから1〜2日おいたほうが、強烈なスパイスの味と香りが鶏肉になじみ、よりおいしく仕上がります。

材料（2人分）

鶏モモ肉 … 300g（皮を除き大きめの一口大に切る）

A
　青唐辛子（ヘタを除きぶつ切り）… 1〜3本分
　　（青唐辛子の辛さにより量は調整）
　ニンニク（薄切り）… 大2粒分
　生姜（薄切り）… ニンニクの1/4量
　香菜（みじん切り）… 大さじ3

植物油 … 大さじ1＋大さじ2

赤玉ネギ（みじん切り）… 中1個分（250g前後）

ココナッツ（生を削ったもの）… 1カップ
　（またはココナッツファイン … 1/2カップ）

B
　カシミールチリパウダー … 小さじ1強
　ターメリックパウダー … 小さじ1/4
　塩 … 小さじ1〜好みの量

シャクティマサラ（p.179参照）… 大さじ2

タマリンドペースト（市販）… 小さじ1/2
　（またはタマリンドパルプ〈p.183参照〉
　… 大さじ1）

作り方

1 【鶏肉を漬け込む】ミルミキサーにAと水大さじ1〜2を入れてペーストにし（香味ペースト）、ボウルに入れ、鶏肉を入れてもみ込む。ラップをして冷蔵庫で1時間以上ねかせる 。

2 1の鶏肉を常温に戻して香味ペーストを指でぬぐいとり、肉は皿にとり出す。香味ペーストはボウルに残しておく。

3 【ベースのペーストを作る】厚手の鍋に植物油大さじ1を温め、赤玉ネギを入れて弱めの中火でときどき混ぜながら加熱する。

4 赤玉ネギがやわらかくなり、縁が焦げ茶色になったらココナッツを加え、ココナッツがキツネ色になりはじめたら 、皿にとり出しておく。

5 4が常温に冷めたらミルミキサーに入れ、B、水250㎖、2でとりおいた香味ペーストも加えて撹拌し、なめらかなペーストにする。

6 【鶏肉を焼いて煮込む】フライパンに植物油大さじ2を入れて弱めの中火で温め、2の鶏肉を入れて加熱する 。

7 鶏肉の両面に焼き目がついたら、火を弱めてシャクティマサラを加え 、焦がさないように1分ほど混ぜながら加熱し 、皿にとり出しておく。

8 7のフライパンに水100㎖を入れて残ったマサラをこそぎ落とし、とりおく。

9 4で使った鍋に、7の鶏肉、5のペースト、8のフライパンの水、タマリンドペーストを入れて 、弱めの中火で加熱する。

10 沸騰したら蓋をして、弱火で約20分程度、鶏肉がやわらかくなり、赤い色が浮き出てくるまで加熱する。

＊＊＊＊＊＊＊＊＊＊＊＊＊＊＊＊＊＊＊＊＊＊＊＊＊＊＊＊＊＊
・盛り付けてから、青唐辛子の薄い輪切りをのせると、爽やかな風味が加わりおいしさが増す。
＊＊＊＊＊＊＊＊＊＊＊＊＊＊＊＊＊＊＊＊＊＊＊＊＊＊＊＊＊＊

チキン カフレアル
（鶏肉の
スパイス煮込み）

チキン カフレアルは、歴史の流れの中で生まれたすばらしい副産物といえます。ポルトガル人によりアフリカに持ち込まれた唐辛子は、もともとアフリカで作られてきた鶏肉の煮込みや焼いた料理に加わって、とても評判のよい新たな料理を生み出しました。後にこれは各国のポルトガル植民地で働くアフリカ人のために作られ、ゴアでは更にスパイスやココナッツビネガーが加わり、このチキン カフレアルが誕生したのです。ポルトガルの影響を多大に受けたゴア料理の中には、フライドポテトが添えられているものがときどき見うけられますが、これもそのひとつで、フライドポテトまたはポテトローストとレモンがかならず添えられます。この料理をおいしく仕上げるコツはただひとつ。十分に鶏肉を漬け込むことです。胸肉の他に手羽元やモモ肉でも作れますが、その場合は漬け込み時間を更に長めにすることが必要です。夕方に仕込んで翌日の夜に調理するなら、バーベキューにしてもおいしいですよ。

材料（作りやすい量）

鶏胸肉＊ … 300g（皮を除いて一口大に切る）

A　ターメリックパウダー … 小さじ1/4
　　カイエンペッパー … 小さじ1/2
　　ヨーグルト … 大さじ2

B　コリアンダーシード … 大さじ1
　　クミンシード … 小さじ1
　　クローブ … 8個
　　ブラックカルダモン（皮をむき種のみ）
　　　… 1個分
　　グリーンカルダモン（皮をむき種のみ）
　　　… 4個分
　　テジパッタ（またはベイリーフ）
　　　… 1枚（2つに切る）
　　カシアバーク … 8cm（2つに折る）
　　黒粒コショウ … 小さじ1

C　メースパウダー … 小さじ1/4
　　香菜（根を除き1cm幅に切る）… 1カップ
　　青唐辛子（ヘタを除きぶつ切り）… 1〜3本分
　　　（青唐辛子の辛さによる）
　　ニンニク（厚めのスライス）… 特大2粒分
　　生姜（厚めのスライス）… ニンニクの半量
　　ココナッツビネガー（p.159参照。または
　　　白ワインビネガー）… 大さじ2
　　塩 … 小さじ1

植物油 … 大さじ4
ジャガイモのスパイシーロースト（下記参照）… 適量

＊鶏胸肉の代わりに、手羽元5本または鶏モモ肉300g（どちらも皮を除き、モモ肉の場合は一口大に切る）を使ってもよい。

準備（鶏肉）

1　鶏肉をボウルに入れ、Aを加えてよくもみ込み、30分おいておく。

2　Bは乾煎りして皿にとり出し、常温に冷めたらミルミキサーで粉にし、皿にとり出しておく。

3　2のミルミキサーにCを入れ、なめらかなペーストにする。

4　1の鶏肉に、2、3を加えて混ぜてもみ込み、一晩冷蔵庫でねかせる。

5　3のペーストをとり出した後のミルミキサーに、水100mℓを注いで中に残ったペーストをよく落とし、この水も冷蔵庫に入れておく。

作り方

6　4の鶏肉を常温に戻して@ペーストを指でぬぐいとり、肉は皿にとり出す。ペーストはボウルに残しておく。

7　フライパンに植物油を入れて弱めの中火で温め、6の鶏肉を入れて両面に焼き色をつけ⑥、皿にとり出しておく。

8　7で使ったフライパンに、6で残しておいたペーストと5の水を入れて加熱する。

9　8が沸騰したら7の鶏肉を入れ、蓋をして煮込む。鶏肉に火が通り、ソースの水分が蒸発して鶏肉にからむようになればよい。

10　ジャガイモのスパイシーローストとともに器に盛り、レモン（分量外）を添える。

● ジャガイモのスパイシーロースト

材料（作りやすい量）

ジャガイモ … 中3個

A　植物油 … 大さじ4
　　ニンニク（すりおろし）… 大1粒分
　　カシミールチリパウダー … 小さじ1
　　クミンシード … 小さじ1
　　ヒング … 小さじ1/8
　　塩 … 小さじ1/2〜好みの量

作り方

1　ジャガイモは洗ってから皮付きのままくし形に切り、下ゆでしておく。

2　大きめのボウルにAを入れて混ぜ合わせ@、1のジャガイモを入れて混ぜてからめ⑥、30分ほどおいてなじませる。

3　クッキングシートを敷いた天版に、間隔を開けながら2のジャガイモをのせ©、ボウルに残った油も残さずかける。

4　それぞれのジャガイモに塩（分量外）をふり、190℃に熱したオーブンで20分程度焼く。ジャガイモの角がキツネ色になり、ホクホクとやわらかくなればよい。

ゴアン
ポークビンダルー
（酢とスパイスで作る
辛口豚肉カレー）

ビンダルーはカルネデビンダロスという、ワインとニンニクで煮込んだポルトガル料理が始まりといわれています。この料理にまずスパイスが加わり、次にワインの代わりにゴアのトディ（ココヤシの樹液から作られる酒）が使われるようになりました。その後トディ酒に代わってトディビネガー（ココナッツビネガー）が使われるようになり、現在のビンダルーに至ったようです。とても辛くてスパイシーなソースがやわらかい豚肉とからんだカレーは、お米にもパンにもよく合い、後を引くたまらない味です。ロンドンやニューヨークのカレーハウスでも人気のメニューのひとつですが、ゴアのポークビンダルーはもっとシンプルな味のような気がします。ここでは少し本格的に、ホールスパイスを砕くところから作るレシピをご紹介します。おいしく作るためには、角切りになっている肉よりも、塊のロース肉を購入して使ったほうが、肉質も脂の量も選べるので、脂っぽくなりすぎずにおいしく仕上がります。

材料（作りやすい量）

豚ロース肉（塊を4cm角に切る）… 600g
植物油 … 大さじ2
玉ネギ（みじん切り）… 中1/2個分
タマリンドパルプ（p.183参照）… 大さじ1
塩 … 小さじ1
ジャガリー（p.183参照）… 小さじ1/4
　（甜菜糖で代用する場合は小さじ1/4強）

A ｜ テジパッタ（またはベイリーフ）
　　　… 2枚（半分にちぎる）
　　グリーンカルダモン … 3個
　　クローブ … 6個
　　黒粒コショウ … 小さじ1
　　カシアバーク … 1cm角×8個
　　コリアンダーシード … 大さじ1
　　クミンシード … 小さじ2

B ｜ 玉ネギ（粗みじん切り）… 中1/2個分
　　ニンニク（薄切り）… 特大3粒分
　　生姜（薄切り）… ニンニクの1/3量
　　カシミールチリパウダー … 大さじ1と1/2
　　ターメリックパウダー … 小さじ1/4
　　ココナッツビネガー*
　　　（または白ワインビネガー）… 大さじ2

*ココナッツビネガー：ココヤシの花や樹からとれた樹液のことをトディと呼ぶが、樹液から作った酒もトディという。樹液を30日から45日ほど発酵熟成させて作った酢は、トディビネガーと呼ばれ、ゴアでは一般的に使われている。まだ日本では手に入らないので、スリランカ産のココナッツビネガーなどで代用するとよい。それもなければ、白ワインビネガーを使用する。

スリランカ産
ココナッツビネガー

準備（豚肉）

1　Aは乾煎りし、皿にとり出す。常温に冷めたらミルミキサーで粉にし、Bを加えて更に攪拌し、ペーストにする。

2　大きめのボウルに豚肉を入れ、1を加えてよくもみ込む。ラップをして、冷蔵庫で最低でも2時間（できれば1日）漬け込む ⓐ。使う前に冷蔵庫からとり出し、常温に戻しておく。

作り方

3　厚手の鍋に植物油と玉ネギを入れて弱めの中火にかけ、玉ネギの縁が茶色くなるまで混ぜながら加熱する ⓑ。

4　3に2をすべて入れ、混ぜながら加熱する ⓒ。

5　豚肉の表面が白くなり、ペーストにつやが出てきたら、水300㎖、タマリンドパルプ、塩を加えて ⓓ 弱めの中火で加熱する。沸騰したら蓋をして、強めの弱火にして30分ほど煮込む。

6　肉が崩れるほどやわらかくなっていたら、ジャガリーを加えて味を調える。

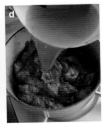

プラウン カルディーノ

アンボ ティック

サマランチ コディ　→ p.190

インドでは娘が結婚する前に、さまざまな儀式やイベントを行います。その中のひとつに、近い親族が集まり、ココナッツを使って花嫁の幸福を祈る儀式があります。ゴアではこの日にかならず作られるカレーがあり、そのひとつが干しエビを使ったこのサマランチ コディです。

プラウン
カルディーノ
（マイルドエビカレー）

カルディーノは、ポルトガルのカルド（スープ）から来た名前で、ゴアがかつてポルトガル領だったころに誕生した料理です。このカレーはその時代に、紳士たちの間であっという間に広まり、ディナーの初めにパンと一緒に出されるスタイルが流行したとか。このころはただのカレーではなく、ちょっとお洒落で少し気取った食べ物だったようです。ココナッツミルクのやわらかな甘みとトマト、タマリンド、ココナッツビネガーなどの酸味がうまく調和した、マイルドでどなたにも食べやすいカレーです。このレシピは、エビの他さまざまな魚や他のシーフード、オクラやカリフラワーなどの野菜でも作れますので、どうぞいろいろと試してみてください。

材料（作りやすい量）

エビ（中）… 16本
A　ターメリックパウダー … 小さじ1/4
　　レモン果汁 … 小さじ2
　　塩 … 小さじ1/4
植物油 … 大さじ1
乾燥赤唐辛子 … 2本（半分に割る）
カシアバーク … 1cm角×2個
玉ネギ（みじん切り）… 中1/4個分
チリパウダー … 小さじ1
トマト（酸味があるもの。みじん切り）… 小1個分
ニンニク（すりおろし）… 小さじ1
生姜（すりおろし）… 小さじ1
青唐辛子（ヘタを除き縦、横半分に切る）… 2本分
B　コリアンダーパウダー … 大さじ1
　　クミンパウダー … 小さじ1
　　フェンネルパウダー … 小さじ1/2
　　黒コショウパウダー … 小さじ1/8
C　ココナッツミルク … 200㎖
　　ココナッツビネガー（p.159参照。
　　　または白ワインビネガー）… 小さじ1
　　水 … 100㎖
　　タマリンドパルプ（p.183参照）… 大さじ1
　　香菜（みじん切り）… 大さじ2
　　塩 … 小さじ1/2強

準備（エビ）

1 エビは尾、殻、背ワタを除いてボウルに入れ、塩（分量外）を加えて、ぬめりが出るまでやさしくもみ、水ですすぐ。

2 1に片栗粉（分量外）を適量加えてよく混ぜた後、少量の水を加えてよくもむ。片栗粉がグレーになったら水洗いし、水気を切ってからキッチンペーパーで水分をしっかりとり除く。

作り方

3 2のエビにAをもみ込み、20分程度おいておく。

4 厚手の鍋に植物油、赤唐辛子、カシアバークを入れて弱火でじっくり温める。赤唐辛子が膨らんできたら、玉ネギを入れて弱めの中火で混ぜながら加熱する。

5 玉ネギが透き通って縁が茶色くなりはじめたら、チリパウダーを加えて混ぜながら加熱する。

6 チリパウダーが油となじんでつやが出てきたら、トマトを加えて混ぜながら加熱し、ニンニク、生姜を加える。

7 トマトの水分が飛んでペースト状になったら、青唐辛子とBを加えて混ぜ、3のエビを入れて混ぜながら加熱する。

8 エビが白くなり丸まりはじめたらCを加え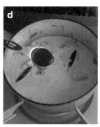、ときどき混ぜながら、ソースに少しとろみがつくまで加熱する。

＊＊＊＊＊＊＊＊＊＊＊＊＊＊＊＊＊＊＊＊＊＊＊＊＊＊＊＊＊＊＊
・時間がなければ、準備（エビ）の2の工程は省いてもよい。
＊＊＊＊＊＊＊＊＊＊＊＊＊＊＊＊＊＊＊＊＊＊＊＊＊＊＊＊＊＊＊

アンボ ティック（赤くて辛くて酸っぱいカレー）

真っ赤な色、酸味、そしてパンチのある刺激的な辛さがおいしいカレーです。サラッとした軽いとろみのこのカレーは、パンよりもご飯とよく合うような気がします。現地では鮫のアンボティックが一般的ですが、アンコウなどの身が厚く小骨のない他の魚やエビ、イカなどでもおいしく作れます。本来このカレーの酸味はトディビネガー（インドのココナッツビネガー）を使うことから生まれますが、まだ日本では手に入らないので、スリランカ産のココナッツビネガーなどで代用してください。もしそれもなければ、白ワインビネガーを使っていただいてもけっこうです。

材料（作りやすい量）

ヤリイカ（小）＊ … 4ハイ（400g）

A
ターメリックパウダー … 小さじ1/4
塩 … 小さじ1/4弱

B
マスタードシード … 小さじ1/2
コリアンダーシード … 小さじ2
クミンシード … 小さじ1
クローブ … 5個
カシアバーク … 5cm
黒粒コショウ … 小さじ1/2

C
ニンニク（薄切り） … 大3粒分
生姜（薄切り） … ニンニクの半量
赤玉ネギ（ざく切り） … 中1/4個分
カシミールチリパウダー … 小さじ2
ターメリックパウダー … 小さじ1/4
ココナッツビネガー（p.159参照。
　　または白ワインビネガー） … 大さじ2

植物油 … 大さじ3
赤玉ネギ（みじん切り） … 中1/2個分
トマト（みじん切り） … 中1個分

D
ジャガリー（p.183参照。または甜菜糖）
　　… 小さじ1/4
塩 … 小さじ1〜好みの量
▲タマリンドパルプ（p.183参照。あれば）
　　… 大さじ2
ココナッツミルク … 大さじ1〜3（好みで）

＊ヤリイカを、エビ（中）12本に替えてもよい。エビは殻、尾、背ワタを除いた後、キッチンペーパーで水分をふきとり、イカと同様Aをまぶして使用する。

準備（ヤリイカ）

1　ヤリイカはワタと軟骨を引き出して洗い、指先に塩（分量外）をつけて皮をむき、エンペラをはがす。胴は輪切りにし、エンペラは輪切りの大きさに合わせて切る。キッチンペーパーで水分をふきとり、Aをまぶしておく。

作り方

2　【ウェットマサラを作る】Bを乾煎りし、皿にとり出す。常温に冷めたらミルミキサーで粉にする。Cと水100mlを加えて@更に攪拌し、ペーストにする@。

3　【ソースを作る】厚手の鍋に植物油を入れて弱めの中火で温め、赤玉ネギを入れて混ぜながら加熱する。

4　赤玉ネギがやわらかく、全体が透き通って縁が茶色くなったらトマトを加え、トマトの水分が飛んで、ペースト状になるまで加熱する。

5　4に2のウェットマサラを加え@、2で使用したミルミキサーに、水150mlを入れて、中に残ったマサラをよく落として鍋に注ぎ入れる。

6　【イカを加える】5のソースが沸騰して軽いとろみがついたら、火を強めの弱火にし、1のイカとDを入れ@、イカに火が通るまで蓋をして加熱する。

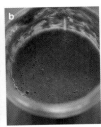

【 ピクルス 】

プラウンバルチャオ

【 揚げ物、炒め物 】

バンダはサバのこと。この料理は本来マナガツオやサバなどを使って作ります。インドのサバ
は日本のものより小さく、実際にはアジやイワシほどの大きさです。ここでは手に入りやすい
イワシを使ったレシピをご紹介します。

リチェアド バンダ

165

プラウンバルチャオ（エビのアチャール）

バルチャオはゴアのカトリック教徒の間で生まれた料理といわれていますが、実はポルトガル領だったころのマカオが起源のようです。もともとは肉や魚を保存するために作られたもので、プラウンピクルスとも呼ばれています。水を加えずたくさんの酢を使うので、滅菌した保存容器に入れれば冷蔵庫で4日から5日、エビを揚げてから作れば冷蔵庫で2週間ほど日持ちします。作り方のポイントは、エビにこれでもかと火を通すことだけです。でき上がったものはその日のうちから食べることができます。白いご飯に添えて少しずつ召し上がってみてください。クセになるおいしさだと思います。

材料（作りやすい量）

エビ* … 100g

A | ターメリックパウダー … 小さじ1/8強
  | 塩 … 小さじ1/4

B | マスタードシード … 小さじ1/2
  | クミンシード … 小さじ1
  | コリアンダーシード … 小さじ1/2
  | クローブ … 4個
  | カシアバーク … 1㎝角×3個
  | 黒粒コショウ … 小さじ1/2（山盛り）

C | ニンニク（薄切り） … 特大1粒と1/2粒分
  | ココナッツビネガー（p.159参照。
  | 　　または白ワインビネガー） … 大さじ4
  | カシミールチリパウダー … 小さじ2〜3
  | ターメリックパウダー … 小さじ1/2

植物油 … 大さじ5

赤玉ネギ（みじん切り） … 中1/2個分

D | ニンニク（薄切り） … 特大1粒分
  | 生姜（薄切り） … ニンニクの半量
  | カレーリーフ … 1枚

塩 … 小さじ1

ジャガリー（p.183参照。または砂糖） … 小さじ1/4

＊エビは小さいものであればそのまま、大きなものは小さく切って使用する。

準備（エビ）

1 エビは尾、殻、背ワタを除いて下処理をし（p.162参照）、水気をとった後、A を加えて混ぜておく。

準備（B・C／バルチャオマサラ）

2 B を乾煎りして皿にとり出し、常温に冷めたらミルミキサーで粉にし、皿にとり出しておく。

3 2 のミルミキサーに、C のニンニクとココナッツビネガーを入れて撹拌する。

4 3 が液状になったら 2 のスパイス、C のカシミールチリパウダー、ターメリックパウダーを加えて更に撹拌し、マサラを仕上げる。

作り方

5 厚手の鍋に植物油と赤玉ネギを入れて、弱めの中火で温める。

6 赤玉ネギの縁が茶色くなりはじめたら D を加え、ときどき混ぜながら加熱する。

7 ニンニクの香りが立ってきたら火を一度止め、4 のマサラを加えて混ぜ@、油とマサラをなじませる。

8 7 を再び弱めの中火にかけ、30秒ほど混ぜながら加熱した後ⓑ、1 のエビ、塩とジャガリーを入加えⓒ、エビにソースをからめながら、エビの水分が抜けるまで煮詰める。

9 常温に冷めてから、加熱殺菌した容器に入れて保存する。

＊＊＊＊＊＊＊＊＊＊＊＊＊＊＊＊＊＊＊＊＊＊＊＊＊＊＊＊＊＊＊＊＊
・1 のエビを植物油で揚げてから作ると、より保存性が高まる。
＊＊＊＊＊＊＊＊＊＊＊＊＊＊＊＊＊＊＊＊＊＊＊＊＊＊＊＊＊＊＊＊＊

リチェアド バンダ
（魚の赤くて酸っぱい
マサラ詰め）

ウェットマサラをイワシに詰めてまわりにもぬり、セモリナをつけて揚げ焼きにしますが、セモリナがない場合はそのまま揚げ焼きにしても大丈夫です。おいしく作るポイントは、焼くときに魚をなるべく動かさないことです。お腹にマサラを詰めるのが難しい場合は、皮目に切り込みを入れて、魚の表面にマサラをぬってからセモリナをつけて揚げ焼きにしてください。

材料（2尾分）
イワシ … 2尾
リチェアドマサラ（下記参照）… 大さじ2
スージ（大粒セモリナ）… 1/2カップ
植物油 … 適量

スージ

● こぼれ話

リチェアドとはポルトガル語で、「詰め物」「詰めること」という意味です。ゴアでリチェアドといえば、まず最初に思い浮かぶのが、魚に下記のマサラを詰めた料理です。ポルトガルから伝わった酢を使用して作る料理の影響を受け、酢を使った料理が多いのもゴアの特徴です。

準備（イワシ）
1 イワシは頭と尾、腹ワタを除き、腹側から中骨に沿って包丁を入れ、マサラが詰められるように切り込みを入れる。

作り方
2 1の切り込みにリチェアドマサラを小さじ1と1/2ほど入れ、ぬりつけるようにして詰める@。
3 イワシの外側にも、詰めた分と同量のリチェアドマサラを半分ずつ両面にぬりつける⑥。もう1尾も同様にする。
4 皿に広げたスージの上に3をおき、スージにイワシを押しつけるようにしてから、イワシの上にもスージをスプーンでかけ、スージがしっかりつくように、スプーンの背で軽く押さえる©。
5 フライパンに多めの植物油を温め、4を入れて揚げ焼きにする。

● リチェアドマサラ

赤いペースト状のこのマサラは、1ヵ月ほどは冷蔵庫で保存できます（インドでは1年ほど保存可能という人もいます）。とても活用範囲が広いマサラで、エビやその他のシーフード、鶏肉ともよく合います。

材料（作りやすい量）
ココナッツビネガー（p.159参照。または
　　白ワインビネガー）… 大さじ4
ニンニク … 1粒
生姜 … ニンニクと同量
A ｜ クミンシード … 小さじ1/4
　｜ マスタードシード … 小さじ1/4
　｜ 黒粒コショウ … 小さじ1/4
　｜ カシアバーク … 1cm角×2個
　｜ クローブ … 1個
　｜ フェヌグリークシード … 小さじ1/8
B ｜ カシミールチリパウダー … 大さじ2
　｜ チリパウダー … 小さじ1/2
　｜ ターメリックパウダー … 小さじ1/4
　｜ タマリンドペースト（市販）… 小さじ1/4
　｜ 塩 … 小さじ1/2と1/4
　｜ 甜菜糖 … 小さじ1/4
ココナッツ（生を削ったもの。または
　　ココナッツファイン*）… 大さじ2

作り方
1 Aのホールスパイスは乾煎りして皿にとり出し、常温に冷めたらミルミキサーで粉にし、皿にとり出しておく。
2 1のミルミキサーにニンニクと生姜を入れ、大さじ1程度のココナッツビネガーを加えて撹拌し、ペースト状にする。
3 2に1のスパイスとBを加えてスプーンで軽く混ぜてから、残りのココナッツビネガーをすべて加えて混ぜ、再びミルミキサーで撹拌する。
4 最後にココナッツを加えてまた撹拌し、なめらかなペーストにする。加熱殺菌済みの容器に移し、冷蔵庫で保存する。

*ココナッツファインを使う場合は、同量のココナッツウォーターまたはココナッツミルクとよく混ぜて24時間おいた後、よく絞ってから使用するとよい。

ゴアン フィッシュ フライ

四川キュウリのスッカ

ブラウン ラヴァフライ

ゴアン フィッシュ フライ（シャクティマサラで作る魚のフライ）

サリーを着た女性たちが裾をまくって座り、その前に並べたカラフルなバケツにさまざまな種類の魚を入れて売る姿は、日本の魚市場とはまた違った迫力があり、圧倒されます。ここゴアでは魚を料理するときに、スパイスとスージ（セモリナ）をからめて調理することがよくあります。このゴアン フィッシュ フライもそのひとつ。ここではチキンシャクティにも使うシャクティマサラを使っています。おいしく作るコツは、魚の種類によって漬け込み時間をうまく調整することです。同じ厚さの魚であっても、脂を多く含む魚と淡白な魚とでは漬け込む時間が変わってきます。それさえうまく行えばあとは簡単。ライムやスダチ、レモンなどの柑橘類を絞りかけて召し上がってください。

材料（2人分）

サワラ（または他の好みの切り身魚）… 2枚
A | 生姜（すりおろし）… 大さじ1
  | ニンニク（すりおろし）… 小さじ1/2
  | ターメリックパウダー … 小さじ1/4
B | シャクティマサラ（p.179参照）
  | … 大さじ1と1/2
  | 植物油 … 大さじ1
  | 塩 … 小さじ1/2強
スージ（大粒セモリナ）… 大さじ5
植物油 … 適量
ライム、赤玉ネギ（薄切り）… 各適量

準備（サワラ）

1　サワラは、大きめの切り身なら4等分、小さめなら2〜3等分に切る。キッチンペーパーで水分をふきとり、ボウルに入れ、A をまぶして10分ほどおく⒜。

作り方

2　【サワラを漬け込む】別のボウルに B を入れてよく混ぜておく。
3　2 に 1 のサワラを入れてよく混ぜ⒝、漬け込んでおく（身が薄い場合は30分ほど。厚い場合は数時間）。
4　【揚げ焼く】皿にスージを広げ、3 のサワラをのせて、スージに押し付けるようにしながら、全面につける⒞。
5　フライパンに多めの植物油を入れて弱めの中火で温め、4 のサワラを入れて揚げ焼きにする。途中で、サワラのすべての面に少量の塩（分量外）をふる。
6　皿に盛り付け、ライムと赤玉ネギを添える。

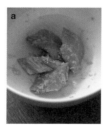  

四川キュウリのスッカ（四川キュウリのココナッツ炒め）

スッカはココナッツとスパイスで作る料理のひとつです。もともとスッカには「ドライ」という意味があり、この料理もソースがまったくないか、または少しだけあるのが特徴です。本来はコリスッカといって鶏肉で作ることが多いのですが、実はティンドラというウリ科の野菜で作るスッカがとてもおいしいのです。それを思い出していろいろな野菜で試してみましたが、ここでは日本でも手に入りやすくなった、水分が比較的少ない四川キュウリで作ってみました。

材料（作りやすい量）

四川キュウリ … 3本
植物油 … 大さじ2
A | コリアンダーシード … 小さじ2
  | クミンシード … 小さじ1
  | 黒粒コショウ … 小さじ1/2
▲ フェヌグリークシード（あれば）… 小さじ1/8
マスタードシード … 小さじ1/2
カレーリーフ … 1枝分
赤玉ネギ（みじん切り）… 大さじ3
ニンニク（みじん切り）… 小さじ1/2

B | ココナッツ（生を削ったもの。
  | またはココナッツファイン*）… 1/2カップ
  | チリパウダー … 小さじ1/2
  | ターメリックパウダー … 小さじ1/4
タマリンドパルプ（p.183参照）… 大さじ1
塩 … 小さじ1弱〜好みの量
ジャガリー（p.183参照。または甜菜糖）… 小さじ1/8〜必要量

*ココナッツファインを使う場合は、同量のココナッツウォーターまたはココナッツミルクとよく混ぜて24時間おいた後、よく絞ってから使用するとよい。

プラウン ラヴァフライ（エビの粗挽きスージ揚げ）

これを作ると誰もが目も輝かせる、ごちそうエビフライです。エビフライといっても日本のものとは違い衣を作るのではなく、ラヴァ（スージ。セモリナ）と米粉を混ぜた粉を、マリネしたエビにつけて揚げ焼きにします。揚げるときには衣がはがれやすいので、なるべく動かさないように気をつけてくださいね。ラヴァを使った揚げ物は、エビの他にも魚、ヤリイカ、ソフトシェルクラブ、ムール貝、ナスをはじめとする野菜などでも作れます。ここで使ったスージは大粒セモリナですが、インドのセモリナであれば、他のものでもけっこうです。

材料（作りやすい量）

エビ（中）… 6本＊

A
- ニンニク（すりおろし）… 小さじ1/2
- 生姜（すりおろし）… 小さじ1
- 塩 … 小さじ1/4強
- ターメリックパウダー … 小さじ1/8

B
- チリパウダー … 小さじ1
- 黒コショウ（粗挽き）… 小さじ1/4
- ヒング … 小さじ1/8
- クミンシード … 小さじ1/4
- カレーリーフ（みじん切り）… 大5枚分
- ココナッツビネガー（p.159参照。または白ワインビネガー）… 小さじ2

C
- 米粉 … 大さじ2
- スージ（大粒セモリナ）… 大さじ2

植物油 … 適量

＊エビは小さいものなら8本。大きいものなら4本。

```
＊＊＊＊＊＊＊＊＊＊＊＊＊＊＊＊＊＊＊＊＊＊＊
・衣がはがれないようにするには、油の温度を高めにし、衣が
　固まるまでエビを返さないこと。
＊＊＊＊＊＊＊＊＊＊＊＊＊＊＊＊＊＊＊＊＊＊＊
```

準備（エビ）

1　エビは、尾、殻、背ワタを除いて下処理をする（p.162参照）。

準備（C／粉）

2　Cはよく混ぜ合わせておく。

作り方

3　【エビに下味をつける】ボウルに1のエビとAを入れてよく混ぜ、20〜30分ほどおいておく。

4　3のボウルにBを入れてエビとよくからめ、5分ほどおいておく⒜。

5　【衣をつけて揚げ焼く】2の粉を皿に広げ、4のエビをのせて軽く押さえてから、エビの上にも粉をかけ、押し付けるようにして衣をつける⒝⒞。

6　フライパンに、エビが浸るくらいの植物油を入れて180℃に熱し、5のエビを入れて揚げ焼きにする。

準備（四川キュウリ）

1　四川キュウリは皮を筋状にむいてから小さめの乱切りにし⒜、ターメリックパウダー小さじ1/4（分量外）を加えた水で、やわらかくなるまでゆで、ザルに上げておく。

準備（A／マサラ）

2　Aは乾煎りして皿にとり出し、常温に冷めてからミルミキサーで粉にしておく。

作り方

3　フライパンに植物油（あればフェヌグリークシードも）を入れて弱めの中火で温める。

4　油が温まったらマスタードシードを入れ、弾けはじめたらカレーリーフを入れて混ぜる。

5　カレーリーフの音がカサカサしはじめたら、赤玉ネギを加えて混ぜる。赤玉ネギの縁が少し茶色くなったらニンニクを加えて混ぜる。

6　ニンニクに火が通ったら、2のマサラとBを加えて混ぜる。ココナッツが色づきはじめたら、1の四川キュウリを加えてよく混ぜる。

7　タマリンドパルプと塩を入れ、ジャガリーを加えて酸味とのバランスをとる。

インドの中でも珍しい、ゴア特有の、牛肉を薄い皮で包んだサモサをご紹介します。サモサは中央アジアで好まれた軽食で、サンブサと呼ばれました。ペルシャ（イラン）ではサンブセとも呼ばれ、これは薄いパン（ラヴァシュ）で肉やジャガイモを巻いたものでした。インドに持ち込まれた初期のころのサモサは、宮廷の中で優雅なお茶の時間に供され、高貴な社交料理として広まっていったようです。ゴアのサモサはクリスチャンであるポルトガル人によって作られたため牛肉が使われ、ポルトガル語のシャムサスという名前から、シャムチャ（サムチャ）というかわいい名前で呼ばれています。

ゴアンサモサ〈シャムチャ〉

【 パン 】

ゴアン サンナス

表面にはん点が多くなり、やっと皮がむけるくらいにやわらかくなったバナナがあったら、ぜひ作ってみてください。サクッとした食感とやわらかさが一度に感じられ、その後にバナナとスパイスの味と香りがして、とてもおいしいですよ。朝食やスナックの主役にする場合は、ヨーグルトを添えるのがおすすめです。

ゴアン バナナ バンズ →p.191

ゴアンサモサ 〈シャムチャ〉 （牛肉のパリッとサモサ）

ゴアでは一般的なサモサの皮の生地を使う他、春巻きの皮のように薄いシャムチャの皮で作ることもあります。お店に行けば簡単にその皮が手に入りますが、日本では入手が難しいので、今回は春巻きの皮で代用しました。時間が経つとしっとりしてしまいますので、揚げたてのサクサクを召し上がってください。肉はできる限り脂の少ないものを使うと、薄い皮をカリッと保つことができます。

材料（12個分）

牛挽き肉（できるだけ脂のないもの）… 300g
ジャガイモ（ゆでて皮をむく）… 小1個
植物油 … 大さじ1
A｜ カシアバーク … 1㎝角×3個
　｜ クローブ … 4個
玉ネギ（みじん切り）… 中1/4個分
ニンニク（すりおろし）… 大さじ1
生姜（すりおろし）… 小さじ1強
青唐辛子（ヘタを除きみじん切り）… 2本分
B｜ クミンパウダー … 小さじ1
　｜ ターメリックパウダー … 小さじ1/2
　｜ ガラムマサラ（p.178参照）… 小さじ1/2
　｜ チリパウダー … 小さじ1/2
　｜ マンゴーパウダー … 小さじ1/2
　｜ チャットマサラ（p.178参照）… 小さじ1/2
　｜ 塩 … 小さじ1
香菜（みじん切り）… 大さじ2
春巻きの皮 … 4枚（それぞれ3等分に切る）
揚げ油（植物油）… 適量
ライム … 適量

作り方

1 【詰め物のキーマを作る】フライパンに植物油とAを入れて弱めの中火で温める。

2 スパイスの香りが立ってきたら玉ネギを加え、混ぜながら加熱する。玉ネギの縁が茶色くなってきたら、ニンニク、生姜、青唐辛子を加える。

3 ニンニクに火が通ったら、牛挽き肉を加えて混ぜ、肉が白っぽくなりはじめたらBを入れ、ジャガイモを手でつぶしながら加え ⓐ、最後に香菜を加えて混ぜる。

4 塩加減を確認して（少し強めがよい）皿にとり出し、大きなジャガイモの塊はつぶしておく。

5 【皮にキーマを詰める】春巻きの皮を縦にして台に広げ、左角を三角に折り上げ ⓑ、その部分を最初の三角より少し小さめに折り上げ ⓒ、それをもう一度左に折り上げる（ⓓ上に蓋になる部分ができる）。

6 5 にできたポケットに、4 のキーマを詰める ⓔ。

7 小麦粉と水を同量ずつ（分量外）合わせて作ったノリを、6 の皮の端にぐるっとぬる ⓕ。口の開いていない側は、キーマを詰めた部分の外側に接着させ、口の開いた側は蓋をするようにかぶせて押しながら閉じる ⓖⓗ。

8 【揚げる】180℃に熱した油でキツネ色になるまで揚げる。器に盛り、ライムを添える。

＊＊＊＊＊＊＊＊＊＊＊＊＊＊＊＊＊＊＊＊＊＊＊＊＊＊＊＊＊＊＊＊＊＊＊
・ライムの他に、好みのチャツネやケチャップ、赤玉ネギなどを添えてもよい。
＊＊＊＊＊＊＊＊＊＊＊＊＊＊＊＊＊＊＊＊＊＊＊＊＊＊＊＊＊＊＊＊＊＊＊

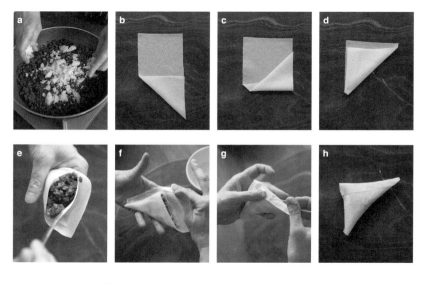

ゴアン サンナス（ココナッツ入り蒸しパン）

米と豆を合わせて作る南インドのイドリー（蒸しパン）に似ていますが、イドリーがもともと生地を自然発酵させて作ったのに対し、このサンナスはヤシの木からとれる樹液（トディ）を使って発酵させたようです。現在ではイーストを加えて発酵させることがほとんどです。私もいろいろと試してみましたが、最終的にココナッツウォーターとココナッツミルクを加えて作る方法に落ち着きました。この2つを加えることで独特の風味が加わります。ココナッツの風味を強くしたいときにはココナッツミルクの量を増やすなど、そのときどきで変化を楽しんでいます。サンナスはもともとゴアのカソリック教徒の間で食べられていて、ポルトガルがもたらした料理である「ソルポテル」というスパイシーなポークシチューとともに、クリスマスや結婚式などの特別な日にごちそうとして作られてきました。現在のゴアではチキンカレーやマトンカレーと一緒に食べたり、ココナッツチャツネやサンバーとともに朝食や軽食としても食べています。

材料（作りやすい量）

米* … 2カップ
ウラダル（皮むき割り）… 1カップ

A
| ココナッツウォーター … 140㎖
| ココナッツミルク … 大さじ8（120㎖）

B
| 砂糖 … 小さじ1
| 塩 … 小さじ1
| インスタントドライイースト … 大さじ1

*米は、赤米や赤米のパーボイルドライス、ソナマスリライスなどを使うが、日本米でも代用できる。

作り方

1 【 生地を作る 】米とウラダルは洗い、それぞれ水に3時間以上浸けておく。別々にザルに上げて水を切り、ウラダルを浸けた水はとりおく。

2 1の米とウラダルを合わせてミルミキサーに入れ、とりおいた、ウラダルを浸けた水100㎖とAを加えて撹拌し、ペーストにする。

3 大きめのボウルに2のペーストを入れてBを加え、スプーンで空気を含ませるように力強く混ぜる。

4 ガーゼまたはラップなどをかぶせて常温に4〜6時間ほどおき、発酵させる。

5 【 蒸す 】発酵した4の生地をよく混ぜてから ⓐ、あらかじめココナッツオイル（または他の植物油）を適量（分量外）ぬったカトリ（または小さなボウル）に八分目ほど注ぎ、蒸気の上がった蒸し器に入れて ⓑ 20〜30分ほど蒸す。

6 蒸し器からとり出し、扱いやすい温度になったら型から外す。

＊＊＊＊＊＊＊＊＊＊＊＊＊＊＊＊＊＊＊＊＊＊＊＊＊＊＊＊＊＊＊
・2でミルミキサーのパワーが弱い場合は、米とダルを別々にペーストにした後、混ぜ合わせるとよい。
＊＊＊＊＊＊＊＊＊＊＊＊＊＊＊＊＊＊＊＊＊＊＊＊＊＊＊＊＊＊＊

● こぼれ話

このサンナスとセットで作られる「ソルポテル」は、ポルトガル船に乗っていたアフリカの労働者のための料理で、船の中で豚の内臓や肉の切れ端、血などを日持ちさせるために酢を加えて煮込んだものでした。それがゴアに持ち込まれて改良され、キリスト教徒の間で食べられるようになり、スパイスや酢の代わりにトディビネガー（ココナッツビネガー。p.159参照）などが加わり現在の形になりました。

スパイスについて

スパイスは一般的に香りが飛びやすいので、パウダースパイスを購入する場合は、できるかぎり使いきれる分を購入するとよいでしょう。また保存するときは、香りをよい状態で保つために、びんや密閉できる容器に入れて冷暗所で保存することをおすすめします。より長く保存したい場合はホールスパイスを購入し、使う分だけ乾煎りしてから粉にするという方法もあります。ただしチリパウダーについては、ご自宅で粉にすると、細かくなった粉が空気中に飛び散り刺激になるので、あらかじめパウダー状になったものを買うほうがよいと思います。

揃え方、保存の仕方、使い方など

○ ホールスパイス

1 乾燥赤唐辛子（ドライチリ） 変色部分のない、つやのあるものを選びます。

2 グリーンカルダモン 黄ばみがなく、ふっくらとしたものを選びます。

3 ブラックカルダモン 多量に使うものではないので、可能なかぎり少量を購入するとよいでしょう。

4 フェヌグリークシード 苦みのあるスパイスなので、レシピで指定の量以上使用しないように。

5 テジパッタ（シナモン タマラ） インドのベイリーフ。シナモン タマラとも呼ばれ、微かにシナモンの香りがします。手に入らない場合は、少し香りは異なりますが、月桂樹の葉を乾燥させたベイリーフ（ローリエ）で代用できます。

6 クローブ（丁子） 先端の丸い蕾の部分がふっくらとして、軸がやせていないものを基準に選ぶとよいでしょう。香りが特に揮発しやすいので少量を購入し、密閉できる容器で保存してください。

7 カシアバーク（肉桂） シナモンでも代用できます。シナモンのやわらかい甘みのある香りとくらべると、わずかに苦みを感じる深みのある香りがあります。私はおもに料理にはカシアバークを使いますが、スイーツなどにはシナモンを使用することもあります。またマサラなど粉にして使うときは、シナモンのほうがやわらかいので、簡単に粉になります。

8 スターアニス（八角） ダイウイキョウ（トウシキミ）の果実を乾燥させたもので、丸ごと1個を使う場合もありますが、手で割ってその一部を使うことがほとんどです。大きさにも差があり個性の強い香りなので、慣れるまでは控えめに使用したほうがよいでしょう。

9 アジョワンシード（キャロムシード） クミンシードやキャラウェイとも同じセリ科で形が似ていますが、もう少し小粒で丸みを帯び、香りはまったく異なります。購入時に間違えないように気をつけてください。

10 黒粒コショウ 形が丸く黒々としたものを選びましょう。本書では粒、粗挽き、中挽きを使用します。粗挽きの場合は簡単に挽けるので、キッチンペーパーに包んでたたきつぶしてから、すり鉢などで好みの大きさにしてください。中挽きやそれより細かく挽く場合は、粉が飛び散りやすいので、ミルミキサーやコーヒーグラインダーなどを使って挽くとよいでしょう。

11 クミンシード、ローストクミンシード クミンシードはもっともよく使うスパイスのひとつなので、少し多めに購入しても大丈夫です。私はクミンシードを煎ったローストクミンシードもよく使います。大さじ3ほどのクミンシードを茶色くなるまで煎ってから保存しておくと便利です。

ローストクミンシード

12 マスタードシード サイズは大小さまざまで、油で温めて弾けさせてから使用します。焦げ茶色から黒までの色が混ざったブラックマスタードシードと、茶色から灰色がかったブラウンマスタードシードがありますが、どちらを使ってもかまいません。日本ではマスタードシードとのみ表記していることもあります。またイエローマスタードシードはより刺激と風味がやさしいのですが、グジャラティ料理では粗挽きにして使用することがあります。あらかじめ粗挽きされたものが手に入らない場合は、キッチンペーパーに包んで麺棒でたたき割って使用してください。

割ったイエローマスタードシード

13 コリアンダーシード インド産のものはラグビーボール形で緑がかった色、中東産のものは丸くベージュっぽい色をしています。どちらを使ってもかまいません。ホールで使うよりもパウダーで使うことが多いのですが、ラジャスタンなどでは、ホールを粗挽きにして使うこともあります。粗挽きのものは口に残るので、好みが分かれると思います。使用する分を挽いて使うとよいでしょう。

粗挽きコリアンダーシード

14 フェンネルシード 料理に使う他、食後に噛んで消化を助けたり、口臭防止などにも使用します。少量でも香りは強いので、入れすぎないよう加減しながら使うことをおすすめします。

15 ポピーシード ホールのままでも使いますが、本書ではおもに、水を加えてペーストにして使っています。これは味に深みを出すとともに、とろみをつける効果もあります。多量に使用することはあまりないので、これも少量購入することをおすすめします。

16 シャヒジーラ（ロイヤルクミンシード） クミンシードに似ていますが、より細くて軽い湾曲があり、クミンシードよりも濃い色が特徴。クミンシードより甘みのある香りがします。ない場合は、クミンシードを少なめに使用するとよいでしょう。レシピの中にすでにクミンシードが入っている場合は、抜いてしまっても大丈夫です。シャヒジーラ、キャラウェイ、カロンジ（ニゲラ、ブラッククミンシード）には、ときどき名前の誤表記が見られますので、購入するときにはよく確認しましょう。

17 メース ナツメグを包むように覆った網目状の皮です。ナツメグよりもやわらかな香りが特徴です。原形状のものも割れたかけらも、ともに「メース（ホール）」として販売されています。

18 サフラン とても高級なスパイスで、抗酸化作用や軽い抗鬱作用があるともいわれ、おもにスイーツやビリヤーニに使います。粉状のものとホール状のものが販売されていますが、本書ではホール状のものを使用しています。使いきれなかった分は、温かいミルクに砂糖とともに加えて飲むと、ゆったりとした気持にさせてくれます。

○ パウダースパイス

1 コリアンダーパウダー パウダースパイスの中で、もっともよく使うものです。他のスパイスとなじみやすく邪魔をしない香りと味なので、それほど正確に計量しなくても大丈夫です。またご家庭でもホールから簡単に粉状にすることができます。

2 クミンパウダー 味と香りの決め手となるスパイスです。力強い香りが特徴なので、使いすぎないように、きちんと計量することをおすすめします。ご家庭でもホールから簡単に粉状にできますが、かならず煎ってから粉にしてください。

3 チリパウダー 乾燥赤唐辛子を粉にしたものの総称。本書中で単にチリパウダーと書かれている場合は、中程度の辛みと赤色のものを使用しています。

4 ターメリックパウダー インド料理でもっとも大切なスパイスのひとつですが、使いすぎると苦みが出るので、きちんと計量することをおすすめします。また衣服などにつくと色が落ちにくいので、扱いに気をつけましょう。

5 シナモンパウダー セイロンシナモンを粉にしたものです。おもに飲み物やお菓子に使うことが多いスパイスです。

6 ジンジャーパウダー 生姜を乾燥させ粉にしたものです。生の生姜を使った場合にくらべ、深みのある味に仕上がります。

7 メースパウダー ナツメグの外皮を乾燥させ粉にしたものです。ナツメグのような香りですが、少し甘くよりやわらかな香りが特徴です。手に入らない場合は、代わりにナツメグを少量使用してください。

8 ナツメグパウダー ナツメグを粉にしたものです。あまり多量に使用しないので、ホールのものを購入して、必要なときに削るようにするとより長持ちします。

9 フェンネルパウダー フェンネルシードを粉状にしたものですが、フェンネルシードはミルミキサーなどにかけても細粒のパウダー状にはしにくいので、粉になっているものを購入することをおすすめします。

10 白コショウパウダー 白粒コショウを粉にしたものです。あらかじめ粉になったものを購入することをおすすめします。ない場合は一般的なコショウで代用することも可能です。

11 カルダモンパウダー グリーンカルダモンを煎ってから粉にしたものです。カルダモンは弱火でじっくり、皮が完全に乾燥するまで煎ってから粉にすると、皮の部分も細かい粉になります。

12 パプリカパウダー パプリカを乾燥させ粉にしたもので、スペイン料理などにも使われます。本書では、スモークタイプは使用していませんので、購入するときに気をつけてください。

● チリパウダーについて

インドではその地域ごとに特徴のある赤唐辛子を使うことが多いので、赤い乾燥唐辛子を粉にしたものを総称して、チリパウダーまたはレッドチリパウダーと呼ぶことが多いようです。チリパウダーはそれぞれに独特の香りと辛さがあるので、私は以下のものを揃えて使い分けています。ひとつだけ購入するのであれば、中程度の辛さのチリパウダーを選ぶとよいと思います。また日本では、メーカーによってメキシカンチリをミックスしたものを、チリパウダーとして販売している場合もあるようですが、これはインド料理に使うものとは少し異なります。

1 チリパウダー　赤唐辛子を細かい粉にしたものです。中程度の辛みと赤色のものを使用しています。

2 チリコルサ（中粗挽き）　辛みがやや少ない赤唐辛子を、中粗挽きの粉にしたものです。

3 カイエンペッパー　一説によると、名前は南米にあるフランス領ギアナの都市カイエンから来ているとされています。細長く先細りの形をし、やや黄みがかった赤色で辛みが強いのが特徴。粉にしてから使用することがほとんどです。「カイエンパウダー」になると、他の種類の唐辛子と混ぜて挽いたものを指す場合もあります。カイエンペッパーが手に入らないときには、通常お使いのチリパウダーを多めに加えるか、インド食材店で辛みの強いチリパウダーを手に入れてください。

4 カシミールチリパウダー　カシミールチリのホールは、現時点では日本に持ち込むことはできません。そのため本書では、日本でも購入しやすいカシミールチリパウダーを使用しています。カシミールチリパウダーは料理を鮮やかな赤色に仕上げ、辛みもマイルドです。カシミールチリの代わりにパプリカパウダーを使ったり、混ぜたりする方もいらっしゃいますが、パプリカパウダーの香りは意外に主張が強いので、もしどうしても混ぜるのであれば、ほんの少量にしたほうがよいと思います。

5 レッドペッパー（粗挽き）　辛みがやや少ない赤唐辛子を粗挽きにしたもので、アメリカンピザなどにふりかけて使うこともあります。ない場合は、種ごと挽いたチリクラッシュ（チリフレーク）などで代用できますが、量は控えめにしてください。

○ マサラ

マサラは、ホールスパイスを数種類組み合わせてパウダー状にしたものや、それにパウダースパイスを混ぜたもののことを指します。また、パウダースパイスに香味野菜やココナッツ、水などを加えてペースト状にしたものを、本書では特にウェットマサラと呼んでいます。作ったマサラは加熱殺菌した密閉容器に入れて保存します。ドライマサラは常温で2週間程度は保存できます。ウェットマサラはなるべく当日に使いきり、保存する場合は冷蔵庫に入れ、翌日には使いきってください。ただし、リチェアドマサラ（p.167参照）などのように酢を使ったものに関しては、日持ちするものもあります。

● ダナジラ　グジャラティ料理に使われるマサラです。グジャラティ料理ではこれをコリアンダーパウダーのように使用します。ない場合はコリアンダーパウダーで代用できます。

材料（作りやすい量）
コリアンダーシード … 1カップ
クミンシード … 1/4カップ
クローブ … 2個
カシアバーク … 2.5cm

作り方　すべてのスパイスをまとめて軽く乾煎りし、クミンシードの色が茶色く変わる前に火からおろして皿にとり出し、常温に冷めたらミルミキサーで粉にする。

● ガラムマサラ（ホールガラムマサラ）　インド全域でもっとも使われているマサラで、地方や家庭により少しずつ加えるスパイスが異なります。市販されているガラムマサラパウダーでも十分においしく仕上がりますが、メーカーによって香りが違うので、好きな香りのものを見つけるとよいでしょう。

材料（作りやすい量）
コリアンダーシード … 大さじ2
クミンシード … 大さじ3
グリーンカルダモン … 8個
クローブ … 8個
メース（かけら）… 小さじ1/2程度
黒粒コショウ … 小さじ1
テジパッタ（またはベイリーフ）… 3枚
カシアバーク … 3cm
ブラックカルダモン … 1/2個

作り方　それぞれ乾煎りして皿にとり出し、常温に冷めたらミルミキサーで粉にする。

● チャットマサラ　おもにチャート（p.60参照）に使用するマサラです。マンゴーパウダーをベースにしてスパイスやブラックソルトなどが含まれています。酸味とともに独特の風味を醸し出します。

材料（作りやすい量）
クミンパウダー … 小さじ1
ガラムマサラ（上記参照）… 小さじ1/2弱
ヒング … 小さじ1/8
マンゴーパウダー … 小さじ3/4
ブラックソルト（p.182参照）… 小さじ1/2
塩 … 小さじ1/2
▲ チリパウダー（好みで）… 小さじ1/4弱

作り方　混ぜ合わせる。

● **パヴバジマサラ**　パヴバジ（p.122）に使うマサラです。基本的にトマトに合うマサラなので、余ってしまったものは、トマトを使ったカレーなどに少量、ガラムマサラのように使うこともできます。

材料（作りやすい量）

A	乾燥赤唐辛子 … 3本
	クミンシード … 大さじ3
	コリアンダーシード … 大さじ2
	フェンネルシード … 大さじ1
	クローブ … 大さじ1
	ブラックカルダモン … 3個
	カシアバーク … 1cm×10cmを2本
	（またはシナモン … 3本）
	スターアニス（大）… 1個
	黒粒コショウ … 小さじ2
B	マンゴーパウダー … 小さじ2
	チャットマサラ（p.178参照）… 小さじ2
	ジンジャーパウダー … 大さじ1
	メースパウダー … 小さじ1
	ナツメグパウダー … 小さじ1
	ブラックソルト（p.182参照）… 小さじ1
	ターメリックパウダー … 小さじ1

作り方　Aのホールスパイスは、それぞれ乾煎りし、皿にとり出しておく。常温に冷めたらミルミキサーで粉にし、Bを加えて混ぜ合わせる。

● **コールハープリマサラ（コラプリマサラ）**　コールハープルで使われているマサラです。本書ではマタナチャタンブダラッサ（p.113）などに使用。→作り方p.115

● **ニハリマサラ**　ニハリ（p.137）を作るときに使うマサラです。赤身肉の煮込み料理に少量加えると、味に奥行きが生まれます。

材料（作りやすい量）

A	カシアバーク … 2cm
	クミンシード … 大さじ1
	フェンネルシード … 小さじ1/2
	グリーンカルダモン … 4個
	ブラックカルダモン … 2個
	黒粒コショウ … 小さじ1
	クローブ … 5個
	テジパッタ（またはベイリーフ）… 1枚
	スターアニス … 1/3個弱
B	カシミールチリパウダー … 小さじ2
	ナツメグパウダー … 小さじ1/4
	メースパウダー … 小さじ1/4
	コリアンダーパウダー … 小さじ2
	ガラムマサラ（p.178参照）… 小さじ1

作り方　Aのホールスパイスを乾煎りし、皿にとり出す。常温に冷めたら、ミルミキサーで粉にする。Bを加え、再び撹拌する。

● **シャクティマサラ**　鶏肉や魚に合うマサラです。本書ではチキンシャクティ（p.154）に使っています。

材料（作りやすい量）

ココナッツ（生を削ったもの。または
　ココナッツファイン）… 大さじ3

A	コリアンダーシード … 大さじ1
	カシアバーク … 1cm角×3個
	黒粒コショウ … 小さじ1/4
	クミンシード … 小さじ1/2
	フェンネルシード … 小さじ1
	クローブ … 2個
	スターアニス … 1/4個
	ポピーシード … 大さじ1
	ブラックカルダモン … 1と1/2個
	グリーンカルダモン … 1と1/2個
B	フェヌグリークシード … 小さじ1/8
	カシミールチリパウダー … 大さじ1/2
	パプリカパウダー … 小さじ1
	ナツメグパウダー … 小さじ1/4弱

作り方

1　Aのホールスパイスを乾煎りし、皿にとり出す。常温に冷めたらミルミキサーで粉にする。

2　ココナッツも軽く色づくまで乾煎りして皿にとり出し、常温に冷めたらミルミキサーで粉にする。

3　1、2、Bをミルミキサーで混ぜ合わせる。

● **マルバニマサラ**　基本的には魚介類に合うマサラですが、ガラムマサラのように使い方は多様です。本書では、ティスリャンチィ カルバン（p.144）、コランビ ラッサ（p.136）で使用しています。→作り方p.138

● **フランキーマサラ**　チキンフランキー（p.130）用のマサラですが、チャットマサラのように、いろいろな料理にトッピングとしても使えます。→作り方p.130

● **リチェアドマサラ**　活用範囲の広いウェットマサラで、魚介類にも鶏肉にもよく合います。本書ではリチェアド バンダ（p.165）に使用しています。→作り方p.167

＊マラティ料理ではゴーダマサラというマサラをたいへんよく使います。ゴーダマサラは各家庭で加えるスパイスが少しずつ異なり、またほとんどの場合ストーンフラワー（カルパシ）が加えられます。残念ながら現時点でこのストーンフラワーは日本で手に入らないので、本書では使用を控えさせていただきました。

豆類

インドの乾燥豆は大きく分けて、皮も形もそのままのもの、皮をむいて形はそのままのもの、皮付きのまま割ったもの（皮付き割り）、皮をむいて割ったもの（皮むき割り）の4種類があります。割ったものはダルとも呼ばれます。豆は水に浸ける時間が短いものと長いものがありますが、一般的には長く浸けておくほうが、調理時間を短縮できます。また、発芽させた豆はとても体によく、特に西インドの家庭では欠かせない食材のひとつです。豆は発芽させられますが、ダルは発芽できません。

● **ムング豆**　緑豆です。緑色をした小さな豆で比較的煮上がりが早いので、豆の中でもっとも汎用性が高く、さまざまな料理に使われ、特にベジタリアン料理には欠かすことのできない豆です。皮むきもあります。

● **ムングダル（皮付き割り）**　ムング豆を皮ごと割ったものです。割っていないムング豆より煮上がりが早いので、急いでいるときなどには便利です。

● **ムングダル（皮むき割り）**　ムング豆の皮をむいて割ったものです。十分に水に浸けてから煮ると、煮上がるまでの時間を短縮できます。

● **ウラド豆**　黒色でムング豆より少し小さめの豆です。ダルマカニなど、北インドでよく使われる豆で、西インドでは発芽させて使うこともあります。皮むきもあります。

● **ウラドダル（皮付き割り）**　ウラド豆を皮ごと割ったものです。特に北インドでよく使われます。西インドでも、多くは他の豆に混ぜて使われます。

● **ウラドダル（皮むき割り）**　ウラド豆の皮をむいて割ったものです。割らずに皮だけをむいたウラド豆と見かけが似ているので、よく確認してから購入してください。本書で使っているのは、皮むき割りです。比較的短時間でやわらかくなり、西インドから南インドでとてもよく使われます。水に浸してやわらかくしてからミルミキサーにかけて生地にしたり、その生地を発酵させて使用することもあります。またホールスパイスとともに油で温め、香ばしさと食感を加えるために使うこともあります。

● **ツールダル**　ピジョンピー（木豆）の皮をむいて割ったものです。現地ではいろいろな呼び方がありますが、日本ではツールダル、またはウルグ語から来ているアラハーダルの2種類の名前で呼ばれることが多いようです。水に浸ける時間も煮上がり時間も比較的短く、よく使われる豆のひとつです。

● **チャナダル**　ベンガルグラム（カラチャナ豆）の皮をむいて割ったものです。ツールダルに似ていますが、こちらはヒヨコ豆の一種でツールダルよりも硬く、水に浸ける時間、煮上がり時間ともに長いのが特徴です。豆そのものを食べる他、皮むきムングダルのように、ホールスパイスと一緒に使用したり、また煎ってから他のスパイスと合わせて粉にし、マサラにすることもあります。

● **マスールダル（レッドレンティル）**　レンズ豆の一種である、マスール豆の皮をむいて割ったものです。オレンジ色で、煮上がると黄みを帯びた色に変わります。煮上がり時間がもっとも短い豆です。ホールのまま皮をむいたものも販売されていますが、本書ではどちらを使っていただいても大丈夫です。またツールダルの代わりにも使えますので常備しておくと便利です。

● **ヒヨコ豆（ガルバンゾー、カブリチャナ）**　カブールから来たことから、インドではカブリチャナと呼ばれることもあります。皮が硬いので、できるだけ長く水に浸けておくことをおすすめします。

● **ロビア豆（チャウリ、チャウラ、ブラックアイビーン）**　日本では黒目豆の名前で売られています。比較的早くやわらかく煮上がり、豆の味が主張しすぎないので、カレーの他に蒸し煮やサラダに加えてもおいしく、食べやすいのが特徴です。

ドライフルーツ、ナッツ

西インドでは、ドライフルーツやナッツは欠かせない食材で、スイーツや料理などにとてもよく使います。

● **デーツ** 断食した後の最初の食事はデーツから始めるといわれるほど、滋養が高いドライフルーツです。皮が変色して薄茶色になった部分があっても、それは古くなったからではないので安心して食べることができます。デーツにはさまざまな種類があり、大きさや硬さもいろいろですが、本書では特大サイズのマジョールデーツを使用しています。小さなサイズのものを使う場合も甘さがそれぞれですので、好みの甘さになるまでようすを見ながら増やしてください。

● **レーズン、グリーンレーズン、サルタナレーズン** ブドウの種類の違いにより、茶系のものや緑系のものなどさまざまな種類があります。レシピによってはグリーンレーズンやサルタナレーズンを彩りに使っているものもありますが、どちらも手に入らなければ、抜いていただいても大丈夫です。

● **クランベリー** 赤い色がきれいなため、飾りとしても使われます。球形のふっくらとしたラトビア産のクランベリーは、一般的なクランベリーにくらべて甘みがやわらかく酸味があるのが特徴です。油が使われていないため、私はこのクランベリーをよく使います。

● **バーベリー** ベルージアンベリーともいわれ、イラン料理などでよく使われます。酸味が強く、料理を引き立ててくれます。なければ本書では、ラトビア産クランベリーを小さく切って使用するか、または酸味のある他のドライフルーツで代用してください。

バーベリーの使い方

1 平らなところに広げ、石や枝などが入っていないか確認する。
2 砂やちりが混じっていることがあるので、これをとり除くためにザルに入れて流水をかけて洗い流す。更にボウルに入れた水にザルごと浸け、10分おく。
3 ボウルの水を捨て、再びボウルにザルをのせ、流水をかけてはボウルにたまった水を捨てる作業を数回くり返す。
4 水の中に砂のようなものが見えなくなったら、ザルで水を切り、バーベリーを平らなところに広げて乾燥させる。
5 加熱殺菌した密閉容器に入れ、冷暗所で保存する。

＊長く使わない場合できれいな赤い色を保ちたいときは、ジップロックに入れて冷凍庫で保存するとよい。色が濃くなっても品質に変わりはない。

● **ココナッツ（生・乾燥）** 西インドでは、特にマラティ料理によく使われます。生を削って使ったほうがよりおいしいことは確かですが、なければ砂糖不使用のココナッツファインで代用できます。ココナッツファイン特有の食感が気になる場合は、同量のココナッツウォーターかココナッツミルクとよく混ぜて、24時間おいた後、水分を絞ってから使用することをおすすめします（まれに、水分を吸収しにくいものがあります）。

● **ピーナッツ（煎り・生）** 西インドでは、煎ったものの他に生をよく使います。料理の他、チャツネやスナック、スイーツにも使用します。日本の生の落花生より丸く、小さいのが特徴です。ネットやインド食材店などでも手に入ります。

● **カシューナッツ（煎り・生）** ピーナッツ同様に、西インドの家庭では欠かせない食材です。粒のまま使う他、チャツネやスイーツに加えたり、コクととろみを出すために、ペーストにしてカレーに加えることもあります。

● **アーモンド（煎り・生）** インドの家庭では、体にも脳にもよいとされ、生のアーモンドを一晩水に浸けてから皮をむいたものを、朝一番に食べることを習慣にしている家庭もあります。生のアーモンドはなかなか手に入らないので、本書では、スライスアーモンドと食塩不使用の素焼きアーモンドを使用しています。手に入らない場合は、塩味のついた素焼きアーモンドを使っていただいてもけっこうです。

● **ピスタチオ（煎り）** 味だけでなく、彩りとして使います。硬い皮と茶色い薄皮をむくと、きれいな緑色が出てきます。

◎ **いろいろなココナッツ製品**

● **ココナッツ（生）** 皮が茶色いオールドココナッツを割り、中の白い部分（胚乳）をとり出し、細かく粉砕したものです。削り方、砕き方はいろいろですが、細かくした後はジップロックに入れて薄くのばしてから、冷凍しておくと便利です。

● **ココナッツファイン** ココナッツの白い部分（胚乳）を乾燥させてから粗挽きにしたものです。生ココナッツの代用として使う場合は、砂糖不使用のものを使ってください。

● **ココナッツロング** ココナッツの白い部分（胚乳）を乾燥させてから細切りにしたものです。スナックを作るときなどに、食感のひとつとして加えます。あまりたくさん使うこともないので、少量を購入するとよいでしょう。

● **ココナッツミルク** 生のココナッツに水を加えて絞り出して作りますが、市販の缶詰を使ってもけっこうです。

● **ココナッツクリーム** ココナッツミルクより、濃度が高いのが特徴です。ない場合はココナッツミルクで代用できます。

● **ココナッツウォーター** 皮がグリーンのヤングココナッツの中にある水分です。日本でヤングココナッツは、緑色の外皮をむき、淡いベージュの内皮が見える状態で販売されています。ふってみるとココナッツジュースが動く音がします。またオールドココナッツの中にも少量のココナッツウォーターが入っています。紙パック入りの製品などもありますが、できるだけ添加物のないものを選んでください。

米、粉類

● **バスマティライス** インドの長粒米です。香りがよく食べやすい米です。細長く壊れやすいので、日本米よりやさしく扱い、数回水を替えてゆすいでください。炊き方は、ゆでる方法もありますが、日本米と同じように水加減をして、炊飯器で炊くこともできます。

● **米粉** インドの米粉は、白米から作られたものと玄米から作られたものの2種類がありますが、本書では白米から作られた米粉を使用しています。インドの米粉は日本のものよりでんぷん質が少ないことが特徴です。ネットやインド食材店で簡単に手に入りますが、なければ日本の米粉の中でもでんぷん質の少ないものを選ぶとよいでしょう。

● **ポハ** 米を蒸してから平たくつぶし乾燥させたもので、そのまま使うこともありますが、水で戻してから使うこともあります。

● **アタ（チャパティ粉）** チャパティなどインドのパンを作るときに使用する粉です。手に入らなければ、仕上がりの質感は変わりますが、薄力粉でも代用できます。

● **ベサン粉（チックピーフラワー）** ヒヨコ豆（チックピー、カブリチャナ）を挽いたもので、独特の香りが特徴。吸湿しやすいのでかならず密閉容器に入れて保存してください。ネットやインド食材店で簡単に手に入ります。

● **スージ** インドのセモリナ粉です。セモリナ粉はデュラム小麦から作られていますが、このデュラム小麦にもいくつか種類があります。パスタやお菓子作りに使われる一般的なセモリナ粉は細挽きですが、インド食材店などで販売されているスージは、大きい粒のものと細かい粒のものがあり、細かい粒のものでも、一般的なセモリナ粉よりも粒が大きいのが特徴です。本書ではパスタ用の一般的な細挽きのものと、インドスージの大粒セモリナを使用しています。

● **マイダ** インドで使う中力小麦粉です。日本の中力粉でも代用可能ですが、本書では入手しやすい薄力粉で代用しています。

＊本書では薄力粉や片栗粉なども使用していますが、これらはすべて日本で一般的に使われているものです。

その他のインド食材

● **ギー** インドでギーは一般的にバッファローミルク（水牛乳）や牛乳から作られますが、ベジタリアン用のギーも販売されています。基本的にはバターの水分を蒸発させ、不純物をとり除いたものです。日本でも市販品が購入できますが、ご家庭でもバターから作ることができます。

● **ヒング（アサフォエティダ）** セリ科のジャイアントフェンネルの根茎からとれる樹脂状の物質で作られたもので、パウダータイプのものとペースト状のものがあります。どちらも好ましい匂いではありませんが、調理するとその匂いは消えて、玉ネギやニンニクのようなコクを料理に与えます。日本ではパウダー状のものだけが販売されていますので、本書でもこれを使用しています。

● **カスリメティ** メティ（フェヌグリーク）の葉を乾燥させたもので、料理に軽い苦みと独特の香りを加え、味に奥行きを出します。

● **ブラックソルト（カラナマック）** 黒から紫に近い濃い色の岩塩ですが、削るとピンク色の粉になります（塊も粉もともにピンク色のヒマラヤ岩塩とは異なります）。日本では、粉の状態のものがインド食材店で売られています。硫黄のような香りとわずかな塩味があり、チャットマサラ（p.178参照）には欠かせないものです。

● **バナナリーフ** バナナの葉には緑茶と同じような抗酸化作用があり、除菌・抗菌の効果もあるといわれます。バナナの葉に食物を盛り付けたり、バナナの皮で包んで調理することは理にかなっているのです。購入したらまず洗ってから必要な長さに切り、直火であぶって裂けにくくしてから使ってください（p.46参照）。

● **カレーリーフ（生）** 油で温めるとゴマのような香りがします。茎を外して葉のみを使います。最近ではインド食材店でも生のカレーリーフが販売されています。使いきれない分は洗って水を切り、ぬらしたキッチンペーパーに包んで密閉容器に入れれば、冷蔵庫で1週間程度保存できます。量が多い場合や長く保存したい場合は、洗って水を切ってから平たく広げ、水分が完全に蒸発してから滅菌した保存容器に入れて冷凍庫で保存します。苗も販売されているので育ててみるのもよいと思います。

● **ローズウォーター** バラの花弁を蒸留して得られる液体です。料理に独特な香りを加え、味に奥行きを与えます。カレー、ビリヤーニ、スイーツなどに少量を使います。

● **タピオカ（サブダナ）**　インドのタピオカはサブダナと呼ばれ、サゴヤシの木からとれるデンプンで作られます。キャッサバから作られる他の国のタピオカとは別の種類で、質感も少し異なります。スイーツより料理に使うことが多いのも特徴です。

● **イノ**　インドの家庭で、胃もたれの際などに使われる常備薬ですが、おもしろいことに料理にも使います。主成分は重曹とクエン酸なので、手に入らない場合は重曹とクエン酸を2：1で（または同量ずつ）混ぜ合わせて代用してください。

甘み・酸味材料／その他

● **ジャガリー**　サトウキビやオオギヤシから作られる含蜜糖です。サトウキビから作られるものは、ゴッドと呼ばれる明るい茶色のものと、ゴッド チキと呼ばれるベージュでやわらかいものがあります。またオオギヤシから作られるものは、色が濃く焦げ茶色をしています。本書の料理にはいずれを使っていただいても大丈夫です。硬いものは削ってから使います。保存は密閉容器に入れて冷暗所で。購入したときに小さな塊に割ってから保存しておくと、すぐに使えて便利です。どうしても入手できない場合は、甜菜糖やキビ砂糖、ごく少量の黒砂糖で代用してください。

● **甜菜糖**　甜菜の糖蜜を乾燥させて作る、薄茶色の甜菜含蜜糖です。私が使用しているものはあめ色で粒が少し粗めのものです。甜菜糖は一般的に白砂糖よりも甘みがやわらかいのが特徴です。白砂糖で代用する場合は、分量を控えめにしてください。

● **ココナッツビネガー**　ココヤシの樹液を発酵させて作った酢。日本ではインド産が手に入りにくいので、本書ではスリランカ産のものを使っています（p.159参照）。

● **レモン果汁**　西インド料理ではレモンを料理に加えたり、食べる直前にレモン果汁をかけたりして、甘みと酸味のバランスをとることが多くあります。

● **タマリンドブロック**　タマリンドの皮をとり除き四角く固めたもので、種が混ざっているものと種なしのものがあります。使う分だけ切りとり、残りは空気が入らないようにラップをかけ、密閉容器に入れて冷蔵庫で保存すると長く持ちます。

◉ **タマリンドパルプの作り方（タマリンドの準備）**
タマリンドブロックを、熱湯に浸けてやわらかくしてから漉して、どろっとした液体にしたものが「タマリンドパルプ」です。タイ料理などではタマリンドペーストと呼ぶこともあるようです。

1　タマリンドブロックを大さじ1程度の大きさに切り、小さめのボウルに入れ、100mℓの熱湯を全体が浸るように入れて、おいておく（湯が全体にかぶらなかった場合は、途中でタマリンドを裏返すとよい）。
2　1が常温に冷めたら、指先でタマリンドを挟んでもみながら、とろっとするまで水となじませる。
3　大きなボウルにザルをかけ、2をあける。中にある種などを除くため、ヘラなどを使って漉す。

＊熱湯を多めに注いで上記同様にもんで漉し、サラッとした液状にしたものはタマリンドウォーターと呼ぶ。

● **タマリンドペースト（市販）**　すぐ使えるように、あらかじめペースト状にされたタマリンドです。上記のタマリンドパルプよりも色が濃く、味も濃縮しています。

● **コクム**　マンゴスティンの仲間の果実を乾燥させたものです。半生の状態のものと乾燥させたものがありますが、どちらを使用してもかまいません。日本では手に入りにくいので、スリランカ産のゴラカで代用してもけっこうです。コクムやゴラカはものにより大きさや酸味に違いがあるので、それにより量は調整してください。（コクム：写真左・中央、ゴラカ：右）

● **マンゴーパウダー**　マンゴーの爽やかな香りと独特の酸味が特徴です。基本的にはグリーンマンゴーの果肉を乾燥させて粉にしたものですが、ある程度やわらかくなった酸味の強い、熟しはじめたマンゴーを乾燥させて作られることもあるようです。色も、原料となるマンゴーにより淡いベージュから濃いベージュまでさまざまです。

● **青唐辛子**　洗ってからヘタを除き、ぬらしたキッチンペーパーで包んで保存容器で保存すると長持ちします。

● **ニンニク、生姜**　キッチンペーパーで包んでから、保存容器やジップロックに入れて冷蔵庫で保存すると新鮮さが長く保たれます。

● **香菜**　生のコリアンダーでパクチーとも呼ばれます。保存する場合は洗ってから根を切りとり、ぬらしたキッチンペーパーに包んで保存容器に入れ、冷蔵庫で保存すると長持ちします。

● **チリソース**　中華料理やタイ料理、ベトナム料理で使うものを使用してください。ただし甘いものや、ニンニクの入っているものは避けてください。

← p.37

ロイヤル マチリ
ケバブ
（魚のスパイス焼き）

ムガル帝国第4代皇帝のジャハーンギールは、文化に多大な興味を持ち、宝石好きでそのうえ30人の妻を有するなど、欲しいものはかならず手に入れたといわれています。そして実はこのジャハーンギール、魚も大好物だったのです。あるときグジャラート州へ遠征に出かけ、10ヵ月以上も魚を食べることができなかったことがあったのですが、ジャハーンギールは魚が恋しくて食べたくて、ついには魚を手に入れてきた家臣に、馬の褒美さえ与えたのだそうです。そのころから魚はいろいろな方法で調理されてきたようです。

材料（4人分）

魚（肉厚の白身魚の切り身）… 400g

A ┃ ターメリックパウダー … 小さじ1/4
　┃ カイエンペッパー … 小さじ1/4
　┃ レモン果汁 … 小さじ2

B ┃ 植物油（またはオリーブ油）… 大さじ1
　┃ 生姜（すりおろし）… 大さじ1
　┃ ニンニク（すりおろし）… 大さじ1
　┃ 青唐辛子（みじん切り）… 2本分
　┃ 香菜（みじん切り）… 大さじ1
　┃ コリアンダーシード（粗挽き）
　┃ 　… 小さじ1と1/2
　┃ クミンパウダー … 小さじ1/2
　┃ メースパウダー … 小さじ1/8
　┃ カルダモンパウダー … 小さじ1
　┃ 白コショウパウダー … 小さじ1/4
　┃ 黒コショウ（粗挽き）… 小さじ1/4
　┃ チリコルサ（中粗挽きチリパウダー）
　┃ 　… 小さじ1/2（なければレッドペッパー
　┃ 　〈粗挽き〉… 小さじ1/4）
　┃ ▲サフラン（あれば）… ひとつまみ
　┃ 塩 … 小さじ1

チャットマサラ（p.178参照）、
　香菜（粗みじん切り）、レモン … 各適量

作り方

1　【 魚を漬け込む 】魚は大きめの一口大に切り、ボウルに入れてAを加えて混ぜ、20分ほどおく。

2　1のボウルにBをすべて入れて魚によくからめ、2時間から半日程度冷蔵庫入れておく⒜。

3　【 焼く 】2の魚を常温に戻してから、魚焼きグリルやフライパンなど好みの方法で焼き、途中で塩（分量外）をふる。

4　焼き上がったら器に盛り、チャットマサラ、香菜をふりかけ、レモンを添える。

＊＊＊＊＊＊＊＊＊＊＊＊＊＊＊＊＊＊＊＊＊＊＊
・漬け込み時間は魚の大きさや厚さ、好みにより調整する。通常の切り身程度であれば数時間、厚みのある魚の場合はできれば前日の夜から漬け込むとおいしく仕上がる。
＊＊＊＊＊＊＊＊＊＊＊＊＊＊＊＊＊＊＊＊＊＊＊

← p.47

● チリチャツネ （グジャラティ チリチャツネ）

材料（作りやすい量）

植物油 … 大さじ1
ニンニク（みじん切り）… 大さじ1
チリパウダー … 大さじ1
塩 … 小さじ1/4強
レモン果汁 … 小さじ1/4

作り方

1　小鍋に植物油とニンニクを入れて弱火にかけ、混ぜながらじっくり温める。

2　ニンニクの香りが立ってきたらすぐに火を止め、チリパウダーを加えて勢いよく混ぜる。

3　チリパウダーが油となじんだら、塩とレモン果汁も加えて味を調える。ひと塊になる状態になればよい。

← p.57

チブダ
（フラットライスの
スナック）

ナッツ類やドライフルーツはお好きなものを使ってください。私はあまり甘くないほうが好きなので、通常よりも甘さ控えめで作っています。おいしく作るコツは、ポハについている米の粉を十分に払うこと。作り上げたら、密閉容器に入れて常温で保存してください。チャイとともにスナックとして食べることが多いのですが、実はビールのおともにも最高です。

材料（作りやすい量）

ポハ（フラットライス。p.182参照）… 2カップ

A	植物油 … 大さじ3
	乾燥赤唐辛子 … 2本
B	マスタードシード … 小さじ1
	クミンシード … 小さじ1/2
	ヒング … 小さじ1/4
	▲ カレーリーフ（あれば）… 1枝分
C	ターメリックパウダー … 小さじ1/4
	チリパウダー … 小さじ1/2
	塩 … 小さじ1
D	ピーナッツ（生）… 大さじ1強
	カシューナッツ（生）… 大さじ1強
	ココナッツロング … 大さじ1強
	ドライクランベリー（またはレーズン）… 大さじ1強
E	砂糖 … 小さじ1/4（好みで増減）
	チャットマサラ（p.178参照）… 小さじ1/2
	マンゴーパウダー … 小さじ1/2

作り方

1 【ポハを準備する】ポハはザルに入れて余分な粉をふるい落としてからフライパンに入れ、弱めの中火で5分ほど乾煎りし、皿にとり出しておく。

2 【チブダを作る】フライパンにAを入れ、弱火でじっくり温める。

3 赤唐辛子が膨らんできたらBを順に加え、混ぜながら弱めの中火で加熱する（あれば油はね防止ネットを使用する）。

4 マスタードシードの弾ける音がおさまったら、Cを加えて混ぜる。スパイスが油とよく混ざったらDを加え、混ぜながら加熱する。

5 カシューナッツの一部がキツネ色になったら、1のポハを加えてよく混ぜ、Eを加えて塩加減も調整し、再び弱めの中火でざっくりと混ぜながら加熱する。

6 ポハにスパイスがよくからまり、カリッとしてきたら火を止める。そのままフライパンの中身をときどき混ぜながら、余熱で更にカリッとさせる。

7 【保存】6を大きな皿などに移し、なるべく重ならないように平らに広げる。冷めたら保存容器に入れて保存する（2〜3週間保存可能）。

＊＊＊＊＊＊＊＊＊＊＊＊＊＊＊＊＊＊＊＊＊＊＊＊＊＊

・Dに洗いゴマ（白）大さじ1、ローストチャナダル大さじ1、ドライフルーツ（サルタナレーズン、パイナップル、ブルーベリーなど）大さじ1強を加えてもよい。

＊＊＊＊＊＊＊＊＊＊＊＊＊＊＊＊＊＊＊＊＊＊＊＊＊＊

← p.61

ダイバタタプリ
（カリカリプリのヨーグルトがけ）

食べるときは、プリ1つをスプーンですくって口に入れてください。パニプリともまた違った食感とおいしさが口の中に広がりますよ。

材料（作りやすい量）

プリ（p.62参照）… 10個

A	ジャガイモ（ゆでて皮をむき、5mm角切り）… 1/4カップ
	ヒヨコ豆（ゆでたもの）… 1/4カップ
	▲ 発芽ムング豆（p.63参照。あれば）＊ … 1/4カップ
B	ヨーグルト … 100mℓ
	タマリンドチャツネ（p.63参照）… 大さじ3（山盛り）
	コリアンダーチャツネ（p.121参照）… 大さじ3（山盛り）
C	チリパウダー … 好みの量
	チャットマサラ（p.178参照）… 好みの量

作り方

1 プリの片面に大きな穴を開ける。

2 1の穴にAを少しずつ詰め、皿に並べる。

3 2のプリの上にBのヨーグルトをかけ、その上からその他のBもかけ、Cをふりかける。

＊＊＊＊＊＊＊＊＊＊＊＊＊＊＊＊＊＊＊＊＊＊＊＊＊＊

・Bの後に、香菜（みじん切り）大さじ3、セブ（p.71参照）1/4カップ、ドライザクロ適量をふりかけてもよい。

・作ったら、なるべくすぐに食べる。

＊＊＊＊＊＊＊＊＊＊＊＊＊＊＊＊＊＊＊＊＊＊＊＊＊＊

＊発芽ムング豆がない場合は、豆苗の葉の部分をつまみとったもので代用できる。

← p.61

ベルプリ
（ナムキーンで作るスパイシースナック）

材料 (作りやすい量)

A　パフドライス … 1カップ
　　チリパウダー … 小さじ1/4
　　チャットマサラ（p.178参照）
　　　　… 小さじ1〜好みの量
　　塩 … 小さじ1

B　玉ネギ（みじん切り）… 大さじ2
　　ジャガイモ（ゆでて皮をむき、1cm角切り）
　　　　… 1/2カップ
　　ピーナッツ（煎ったもの）… 大さじ4
　　発芽ムング豆（p.63参照）… 大さじ3
　　青唐辛子（ヘタと種を除きみじん切り）…2本分
　　▲生姜（みじん切り。好みで加えてもよい）
　　　　… 大さじ2
　　ナムキーン（右記参照。好みのもの1種
　　　　またはミックスして）…1カップ

C　タマリンドチャツネ（p.63参照）… 大さじ4
　　コリアンダーチャツネ（p.121参照）… 大さじ4

香菜（みじん切り）… 1/2カップ
セブ（p.71参照）… 1/2カップ

パフドライス

作り方

1　大きめのボウルにAを入れ、両手で底からすくうように混ぜる。
2　食べる直前に、1にBを加えて同様によく混ぜる。
3　Cのチャツネも加えて混ぜる。
4　香菜を加えて混ぜ、セブを加え、つぶさないように手のひらですくうようにして混ぜる。
5　それぞれの器に盛り、好みでチリパウダー（分量外）をかけ、スプーンを添える。

● こぼれ 話

ここで使うナムキーンは、塩味のスナックのことで、塩を意味するナマックという単語から、このように呼ばれるようになりました。おもにベサン粉をはじめとする粉で作った生地に、クミンシード やアジョワンシード、キャラウェイシードなどを練り込み、ナムキーンプレスでさまざまな形に押し出したものを揚げて、チリパウダーやチャットマサラなどで味つけしたものです。数えきれないほどの種類があり、市販されているものもあれば、家庭でも作ります。スナックとしてそのまま食べる他、カリカリとした食感を加えるためにチャート（p.60参照）に加えたりもします。インドでは、レストランに併設された、スイーツとともにナムキーンを売る店や、スパイス専門店のようにナムキーンだけを並べた店もあり、それとは別に袋入りのナムキーンも見かけます。日本ではこの袋入りの市販品が購入できるので、それを使用してください。

← p.73

バガレリロトリ
（チャパティのヨーグルト煮）

材料（2人分）

チャパティ（ロトリ。p.81参照）… 4枚
植物油 … 大さじ1
マスタードシード … 小さじ1/2
クミンシード … 小さじ1
カレーリーフ … 1枝分

A　ヨーグルト … 1カップ
　　水 … 1カップ

B　青唐辛子（縦に切り込みを入れる）… 1本
　　ターメリックパウダー … 小さじ1/2
　　ダナジラ（p.178参照。または
　　　　コリアンダーパウダー）… 小さじ1

塩 … 小さじ1/2
▲甜菜糖 … ひとつまみ（ヨーグルトの酸味とバランスをとるために必要なら）

← p.97

カルミノパティオ
（シンプルエビカレー）

パティオはもともと下膨れの浅型鍋のことで、これを使って作ったところから、このように呼ばれるようになったそうです。イラン料理の流れを汲んでいるせいか、シンプルなスパイス使いが特徴です。カレー専門店のエビカレーを想像すると、ちょっとパンチに欠けるかもしれませんが、お母さんが作る家庭的なおいしさで、シンプルな体によい味がします。

材料（2人分）

エビ（中）… 14本

A | ニンニク（すりおろし）… 大さじ1強
　 | ターメリックパウダー … 小さじ1/2

植物油 … 大さじ1

クミンシード … 小さじ2

カレーリーフ … 1枝分

玉ネギ（みじん切り）… 大1/2個分

トマト（みじん切り）… 小3個分

B | チリパウダー … 小さじ1
　 | クミンパウダー … 小さじ1/2
　 | コリアンダーパウダー … 小さじ1
　 | ガラムマサラ … 小さじ1
　 | フェンネルパウダー … 小さじ1/4
　 | タマリンドパルプ（p.183参照）… 大さじ2
　 | ジャガリー（p.183参照）… 小さじ1/2
　 | 香菜（みじん切り）… 大さじ3
　 | 塩 … 小さじ1/2強〜好みの量

作り方

1 エビは尾、殻、背ワタを除いて下処理（p.162参照）をしてから、Aを加えて混ぜ、おいておく。

2 厚手の鍋に植物油を入れて弱めの中火で温め、クミンシードを入れ、まわりに泡が立ってきたら、カレーリーフを入れる。

3 クミンシードの色が濃くなったらすぐに玉ネギを入れ、やわらかくあめ色になり、縁が茶色くなるまで、ときどき混ぜながら加熱する。

4 トマトを加え、水分が飛んでペースト状になるまで加熱する。

5 Bもすべて加えて混ぜ、油とスパイスがなじんだら、1のエビもすべて加えて混ぜ、好みで水（100〜200㎖）も加える。

6 蓋をして、強めの弱火でエビに火が通るまで加熱する。

作り方

1 チャパティは6㎝角程度の大きさを目安にちぎっておく（ⓐ形は揃っていなくてよい）。

2 Aのヨーグルトをボウルに入れてよく溶いてから、分量の水を加えて混ぜ合わせる。

3 厚手の鍋に植物油を入れて弱めの中火で温める。マスタードシードを入れ、弾けはじめたらクミンシード、カレーリーフを加える（ⓑあれば油はね防止ネットを使用する）。

4 弾ける音がおさまったら火を止め、2のヨーグルト水とBを加えて混ぜるⓒ。

5 4に1のチャパティを加えⓓ、強めの弱火でじっくり加熱する。全体にとろみが出てきたら、塩で（必要なら甜菜糖も加えて）味を調える。

6 器に盛り付け、すぐに食べる（時間が経つと味が落ちる）。

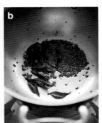

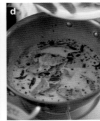

← p.113

ヴァーハディ ラッサ（マラティ チキンカレー）

本来はすべてのスパイスをひとつずつ乾煎りして粉にしてから、野菜を加えてペーストにしたウェットマサラと合わせて作ります。けれども、すべてのスパイスをホールで揃えるのは大変ですので、みなさんが持っていそうなパウダースパイスを組み合わせて、レシピを作りました。

材料（作りやすい量）

鶏骨付き肉 … 600g
植物油 … 大さじ1＋大さじ2＋大さじ1
A テジパッタ（またはベイリーフ）… 2枚
　 クローブ … 5個
　 カシアバーク … 1cm角×5個
　 スターアニス … 1/2個
　 ブラックカルダモン … 1個
　 黒粒コショウ … 小さじ1/2
　 ▲ シャヒジーラ（あれば）… 小さじ1
　 ▲ カルパシ（ストーンフラワー。あれば）＊ … 小さじ2
B コリアンダーパウダー … 大さじ1
　 クミンパウダー … 小さじ2
　 ターメリックパウダー … 小さじ1/4
　 ガラムマサラ（p.178参照）… 小さじ1/4
C ココナッツ（生を削ったもの。または ココナッツファイン）… 1/2カップ
　 赤玉ネギ（薄切り）… 小1/2個分
　 ニンニク（大）… 4粒
　 生姜 … ニンニクと同量
　 青唐辛子（ヘタを除きぶつ切り）… 2本分
　 香菜（茎を除き粗みじん切り）… 2茎分（約3/4カップ）
D 赤玉ネギ（みじん切り）… 小1/2個分
カシミールチリパウダー＊ … 小さじ2〜好みの量
トマト（みじん切り）… 小1個分
塩 … 小さじ1〜好みの量
▲ ギー（あれば。好みで）… 小さじ1

＊カルパシは参考までに材料に入れているが、現時点ではまだ、日本で入手するのは難しい。
＊カシミールチリパウダーがない場合は、普通のチリパウダーを、カシミールチリパウダーより少なめに加えてもおいしく仕上がる（色は赤くならない）。

準備（A・B／ドライマサラ）

1 Aは乾煎りし、皿にとり出す。常温に冷めたらミルミキサーで粉にし、Bのパウダースパイスと合わせておく。

準備（C／ウェットマサラ）

2 Cのココナッツは、キツネ色になるまで乾煎りしておく。

3 フライパンに植物油大さじ1とCの赤玉ネギを入れて、弱めの中火で縁が茶色くなるまで加熱する。その他のCをすべて加えて加熱し、ニンニクに火が通ったら皿にとり出しておく。

4 3が常温に冷めたらミルミキサーに入れ、2と水140mlを加えてペーストにする（水分が足りなければ、水を追加してもよい）。

作り方

5 【ベースを作る】フライパンに植物油大さじ2と1のドライマサラを入れて、弱めの中火で温める。スパイスが油となじんだら4のウェットマサラを加えて加熱し（途中で火を弱めてもよい）、色が濃くなったら火からおろしておく。

6 厚手の鍋に植物油大さじ1とDの赤玉ネギを入れて、混ぜながら加熱する。

7 赤玉ネギの縁が茶色くなったら火を弱め、カシミールチリパウダーを加えて油となじませる。

8 トマトを加え、火を弱めの中火に戻し、ペースト状になるまで混ぜながら加熱する。

9 【合わせて煮込む】8に鶏肉と5を加え、混ぜながら弱めの中火で加熱する。

10 鶏肉が白っぽくなったら水400ml、塩（好みでギーも）を加え、蓋をして強めの弱火で鶏肉がやわらかくなるまで煮込む（途中で水分が足りなくなったら、水を適量加えてもよい）。

＊＊＊＊＊＊＊＊＊＊＊＊＊＊＊＊＊＊＊＊＊＊＊＊＊＊＊＊
・5では最小限の油を使っているが、更に本格的にするなら大さじ4ほどの植物油を使い、スパイスを油とよくなじませるとよりおいしく仕上がる。
・【テンパリング】大さじ2の植物油、大さじ1のカシミールチリパウダーを小鍋（またはタルカパン）に入れ、弱火でじっくりなじませたものを、盛り付けた後にスプーンでたらすとより本格的な味になる。
＊＊＊＊＊＊＊＊＊＊＊＊＊＊＊＊＊＊＊＊＊＊＊＊＊＊＊＊

← p.132

ベジ カティロール
（野菜炒めの
チャパティ巻き）

チャパティを少し多めに作り、余ったものでこれを作ってみてください。作り方のコツは、巻きやすいように、チャパティをやわらかめに作ること。チャパティを作るのがめんどうな方は、市販のフラワートルティーヤなどでも作れます。

材料（6個分）
【チャパティ（6枚分）】
アタ（チャパティ粉）… 1カップ
カスリメティ … 小さじ1/2
塩 … 小さじ1/8
植物油 … 大さじ1
ぬるま湯 … 60㎖強〜必要な量
【詰め物（上記のチャパティに対する量）】
A　植物油 … 大さじ1
　　乾燥赤唐辛子 … 1本
　　クローブ … 1個
　　▲ フェヌグリークシード（あれば）
　　　… 小さじ1/8
クミンシード … 小さじ1/2
B　生姜（みじん切り）… 小さじ2
　　ニンニク（みじん切り）… 小さじ2
　　青唐辛子（ヘタを除きみじん切り）
　　　… 1〜3本分
ニンジン（皮をむき千切り）… 中1本分
玉ネギ（繊維に沿って薄切り）… 中1/2個分
インゲン（両端を除き、斜めに薄く細長く切る）
　… 6本分
C　コリアンダーパウダー … 小さじ1
　　チリパウダー … 小さじ1/2
　　クミンパウダー … 小さじ1/4
　　チャットマサラ（p.178参照）… 小さじ1/8強
　　塩 … 小さじ1/4
▲ コリアンダーチャツネ（p.121参照）… 小さじ1×6

＊＊＊＊＊＊＊＊＊＊＊＊＊＊＊＊＊＊＊＊＊＊＊
・チャパティは薄く焼き、乾燥させないようにして、やわらかい状態で包めるようにする。
・ニンジンはチャパティから突き出さないようにできるだけ細く切る。
・野菜は水気をキッチンペーパーでとり除いてから切ると、水っぽくならずおいしく仕上がる。
・焼くときの油とギーは最低限の量にし、カリッと焼き上げる。
・フランキーマサラ（p.130参照）があれば、野菜の上にかけてから包む。
・赤玉ネギ、香菜、チリケチャップ（p.130参照）、コリアンダーチャツネなどを添えて供する。
＊＊＊＊＊＊＊＊＊＊＊＊＊＊＊＊＊＊＊＊＊＊＊

準備（チャパティ）
1　左記の材料で、p.81のロトリと同様に生地を作り（カスリメティは、最初にアタと一緒に混ぜる）、のばして焼く。

作り方
2　【詰め物を作る】フライパンにAを入れ弱めの中火で温める。
3　赤唐辛子が膨んできたら、クミンシードを入れる。クミンシードのまわりに泡が立ってきたら、Bを加えて混ぜる。
4　続けてニンジン、玉ネギを入れて混ぜながら炒め、ニンジンがしんなりしたらインゲンも加え、混ぜながら炒める。
5　野菜全体がやわらかくなったらCを加えて味を調える（味は少しだけ強めのほうがよい）。
6　【包む】1のチャパティの中央に（あればコリアンダーチャツネを小さじ1ぬり）、5を1/6量のせる⒜。まわりのチャパティを左右、上下から野菜を包み込むように折りたたみ、8㎝×5㎝ほどの長方形にする⒝⒞⒟。
7　【焼く】フライパンに植物油大さじ1とギー小さじ1強（ともに分量外）を入れて弱めの中火で温める。
8　7に、6を折りたたんだ側を下にしてのせ⒠、ヘラで押さえてキツネ色になるまで焼き⒡、裏返して同様に焼く。残りの5つも同様に作る。

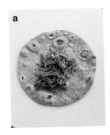
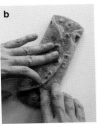

← p.149

ジーラペッパー カディ（クミンと 黒コショウのスープ）

ラサムはおもにタマリンドを使いますが、これはコクムで作り、独特の爽やかな酸味も加わっています。コクムがない場合は、ゴラカまたはタマリンドで代用することも可能です。またサラスワットはニンニクを使わないことが多いのですが、ここではニンニクを使用しています。

材料（作りやすい量）

ココナッツ（生を削ったもの。または
　ココナッツファイン＊）… 1カップ

A　クミンシード … 小さじ1/2強
　　黒粒コショウ … 小さじ1/4
　　乾燥赤唐辛子 … 2本

ターメリックパウダー … 小さじ1/8

コクム（またはゴラカ。p.183参照）… 3個
　（かぶる程度の熱湯を加え浸けておく）

塩 … 小さじ1/2強〜好みの量

【テンパリング】

B　植物油 … 大さじ1
　　マスタードシード … 小さじ1/2
　　カレーリーフ … 1枝分
　　ヒング … 小さじ1/8
　　ニンニク（薄切り）… 特大1粒分
　　チリパウダー … 小さじ1/2

＊ココナッツファインを使う場合は、同量のココナッツウォーターまたはココナッツミルクとよく混ぜて24時間おいた後、よく絞ってから使用するとよい。

作り方

1　フライパンにココナッツを入れて弱めの中火にかけ、混ぜながら部分的に茶色くなるまで乾煎りし、皿にとり出しておく。

2　1のフライパンにAを順に入れ、クミンシードが茶色くなりはじめるまで乾煎りし、皿にとり出しておく。

3　1と2が常温に冷めたらミルミキサーに入れ、水135mlを加えて、ペーストにする。

4　鍋に3のペースト、ターメリック、コクム、水300ml、塩を入れ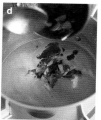、強めの弱火でソースに軽いとろみが出るまで加熱する。

5　【テンパリング】小鍋（またはタルカパン）にBの植物油を入れて弱めの中火で温め、マスタードシードを入れる。

6　マスタードシードが弾けはじめたら、カレーリーフ、ヒング、ニンニクを入れる。

7　ニンニクに火が通ったら火を止め、チリパウダーを加えて混ぜ、チリパウダーが油となじんだら4の鍋にすべて入れる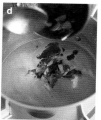。

＊＊＊＊＊＊＊＊＊＊＊＊＊＊＊＊＊＊＊＊＊＊＊＊＊＊＊＊＊＊＊

・コクムは長い間ソースの中に入れておくと酸味が強くなりすぎるので、ちょうどよい酸味になったところで、とり出しておいたほうがよい。

＊＊＊＊＊＊＊＊＊＊＊＊＊＊＊＊＊＊＊＊＊＊＊＊＊＊＊＊＊＊＊

← p.161

サマランチ コディ （干しエビのカレー）

サマランチ コディとは「スパイスボックスのカレー」という意味。ゴアでは娘を嫁に出すときに母親がスパイスボックス（サマルデン）、スパイス、干しエビなどの乾物をかならず持たせる習慣があります。雨季になると漁に出られず魚が不足し、洪水で外出さえできないことがあるため、このカレーも作られるようになったといわれています。「雨季が始まる前にはかならず、乾物やスパイスを買い込んで準備するんですよ」と教える、そんな母の温かい気持ちがいっぱい詰まったカレーなのです。

材料（作りやすい量）

干しエビ＊ … 1カップ

植物油 … 大さじ2

赤玉ネギ（みじん切り）… 中1/2個分

ニンニク（すりおろし）… 特大1粒分

生姜（すりおろし）… ニンニクの半量

トマト（粗みじん切り）… 小1個分

ココナッツ（生を削ったもの）… 1/2カップ
　（またはココナッツファイン … 大さじ2）

← p.173

ゴアン バナナ バンズ（完熟バナナで作るゴアのパン）

この食感はヨーグルトと重曹を入れた生地を、8時間ほど発酵させることで生まれます。発酵といっても普通のパンの場合とは違い、大きく膨らんだりはせず、見た目はあまり変化しないのですが、これによって、内側にパンのような食感が生まれます。作り方はとても簡単ですが、バナナの大きさや水分量、熟しぐあいにより微妙に粉の量が変わります。もし水分が多くまとまらない場合は、粉を追加してもかまいません。逆に生地に水分が必要な場合は、水ではなくかならずヨーグルトを少しずつ加えましょう。

材料（12枚分）

アタ（チャパティ粉）… 1と1/2カップ
薄力粉 … 1と1/2カップ
バナナ（大。やわらかく熟したもの）
　… 1本（皮を除き約170g）
グラニュー糖 … 大さじ1と1/2
塩 … 小さじ1/2
ヨーグルト … 大さじ4
クミンシード … 小さじ1
重曹 … 小さじ1/2
ギー … 大さじ1
揚げ油（植物油）… 適量

＊＊＊＊＊＊＊＊＊＊＊＊＊＊＊＊＊＊＊＊＊＊＊＊＊
・生地が乾燥して割れるので、1つずつのばしながら、すぐに揚げる。
＊＊＊＊＊＊＊＊＊＊＊＊＊＊＊＊＊＊＊＊＊＊＊＊＊

作り方

1　【生地を作る】アタと薄力粉は、合わせてふるっておく。
2　大きめのボウルにバナナを入れて、フォーク（またはマッシャー）でつぶし、なめらかなペーストにする。
3　2にグラニュー糖と塩を加えて混ぜ、空気を含ませるようにスプーンで勢いよくかき混ぜる。
4　ヨーグルトを加えて混ぜ、スムーズなペーストにしておく。
5　1の粉を別の大きめのボウルに入れ、クミンシード、重曹を入れてよく混ぜる。
6　5の中央にくぼみを作り、ギーを加えて指先で粉となじませ、4のバナナペーストを少しずつ加えて混ぜ、ひと塊にまとめる。バナナの水分によりベタつく場合は、アタを適量加えてもよい。
7　6をよくこねて、手につかなくなめらかな生地になったら丸くまとめ、ラップをして常温に8時間ほどおく。
8　【成形する】7の生地を軽くこねてから12等分し、手のひらで丸めてボウルに戻し、ラップをしておく。
9　8の生地を1つとり出し、手のひらで軽くつぶし、両面に薄力粉（分量外）をつけ、麺棒で2〜3mmの厚さ直径12cm程度の円にのばす。
10　【揚げる】180℃に熱した油に9を入れ、油を生地にかけながら揚げる。生地が丸く膨らんだら裏返し、油を生地に何回かかけ、両面がキツネ色になったら、油からとり出して油を切る。

A	コリアンダーシード … 大さじ1
	クミンシード … 小さじ1
	フェンネルシード … 小さじ1/4
	カシアバーク … 1cm角×2個
	クローブ … 4個
	黒粒コショウ … 小さじ1/2
	スターアニス … 3/8個分
	フェヌグリークシード … 小さじ1/8
カシミールチリパウダー … 小さじ2	
B	ターメリックパウダー … 小さじ1/2
	マンゴーパウダー … 小さじ1
	ココナッツミルク … 100ml
	塩 … 小さじ1

＊干しエビは日本のものでも、中華料理用のものでもよい。

準備（干しエビ / ココナッツ）

1　干しエビは頭と尾を除き、200mlの水に30分ほど浸け、やわらかくなったら水気を絞っておく。ココナッツはキツネ色になるまで乾煎りしておく。

作り方

2　【ウェットマサラを作る】Aは乾煎りして皿にとり出し、常温に冷めたらミルミキサーで粉にする。続けて1のココナッツ、水100mlを加えて攪拌し、ペーストにしておく。
3　【ソースを作る】厚手の鍋に植物油と赤玉ネギを入れて弱めの中火で加熱する。赤玉ネギの縁が茶色くなったらニンニク、生姜を加える。
4　ニンニクの香りが立ってきたら一度火を止め、カシミールチリパウダーを加え、混ぜながら余熱で油となじませる。
5　チリパウダーが油となじんだら、再び弱めの中火にかけてトマトを加え、混ぜながらトマトの水分が飛んで、ペースト状になるまで加熱する。
6　【干しエビとマサラを加える】5に1の干しエビと2のウェットマサラを加えて30秒ほど混ぜながら加熱し、水400mlを加える。
7　沸騰してきたらBを加え、ときどき混ぜながら2分ほど加熱する。

インド料理食材・道具などが買える店舗・WEB

● **アンビカ ベジ&ヴィーガンショップ**（蔵前店・新大久保店・通販／スパイス全般・チリコルサ・カレーリーフ生・ピーナッツ生）
蔵前店：東京都台東区蔵前3-19-2 アンビカハウス1F
新大久保店：東京都新宿区百人町1-11-29
オンラインショップ：
www.ambikajapan.com/jp/

● **グリーンナスコ**（新大久保店／スパイス全般・カシミールチリ）
東京都新宿区百人町2丁目10-8
新大久保イニシャルハウスビル
ANNEX1F

● **アールティー**（通販／スパイス全般・シャヒジーラ〈ローヤルクミンシード〉）
www.aarti-japan.com

● **ティラキタ**（通販／スパイス・インド調理器具・インド食器）
www.tirakita.com

● **マヤバザール**（目黒店・通販／スパイス全般）
東京都品川区上大崎3丁目10-1 中島ビル203

● **アプナ・バザー**（大島店・通販／スパイス全般）
東京都江東区大島4丁目1-7 団地111
www.indojin.com

● **スワガット・インディアンバザール**（西葛西店・通販／スパイス全般）
東京都江戸川区西葛西5-12-2

● **インドバザール**（蒲田店・通販／スパイス全般・ナイロンセブ）
東京都大田区蒲田5丁目20-6
www.indobazaar.com

● **日進ワールドデリカテッセン**（ラム肉・スパイス全般・ココナッツ生・バナナリーフ）
東京都港区東麻布2-32-13

● **National Azabu supermarket**（麻布店／スパイス全般・ココナッツ生・バナナリーフ）
東京都港区南麻布4-5-2

● **マスコットフーズ株式会社**（通販／レッドペッパー粗挽き種なし）
www.mascot.jp

● **成城石井**（各店舗／マジョールデーツ）

● **富澤商店**（店舗・通販／ナッツ・ドライフルーツ・ラトビア産クランベリー）

● **ペルシャ貿易**（通販／ドライフルーツ・サフラン・バーベリー）
www.persia-trd.co.jp

● **みの屋**（通販／生ピーナッツ）
www.omamesan.co.jp

● **三栄商会**（築地店・通販／ヒヨコ豆・マスールダル）
東京都中央区築地4丁目14-18 妙泉寺ビル1F
www.mame-sanei.com

● **カラピンチャ**（通販／スリランカ産ココナッツビネガー）
www.spice-karapincha.jp

● **e-ティザーヌ**（通販／カレーリーフ 苗〈夏季のみ販売〉）
www.e-tisanes.com

● **アジアハンター**（通販／インド調理器具）
www.asiahunter.com

＊2021年4月現在の情報です。また、上記のインド食材はアマゾン・楽天・ヤフーなどの大手通販サイトで買えるものもあります。

食文化とともに味わう、本格カレーとスパイス料理
西インド料理はおもしろい

初版印刷　2021年6月1日
初版発行　2021年6月18日

著者ⓒ　　マバニ マサコ
発行者　　丸山兼一
発行所　　株式会社柴田書店
　　　　　東京都文京区湯島3-26-9
　　　　　イヤサカビル　〒113-8477
　　　　　TEL　03-5816-8282（営業部：注文・問合せ）
　　　　　　　　03-5816-8260（書籍編集部）
　　　　　https://www.shibatashoten.co.jp

印刷・製本　公和印刷株式会社

ISBN　978-4-388-06338-3　Printed in Japan
ⒸMasako Mavani, 2021